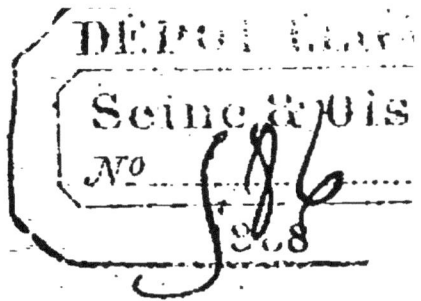

ESSAI

SUR

L'ART D'ÊTRE HEUREUX

ESSAI

SUR

L'ART D'ÊTRE HEUREUX

TABLE DES MATIÈRES

1237-88. — Corbeil. Imprimerie Crété.

ESSAI

SUR

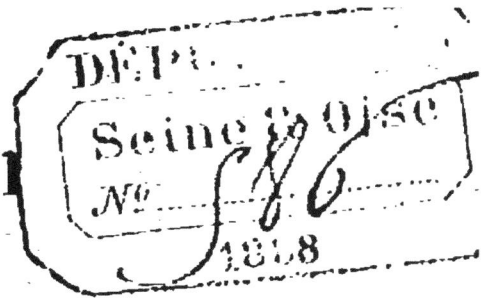

L'ART D'ÊTRE HEUREUX

PAR

JOSEPH DROZ

DE L'ACADÉMIE FRANÇAISE
ET DE L'ACADÉMIE DES SCIENCES MORALES ET POLITIQUES.

ÉDITION POPULAIRE

PARIS

H. LAURENS, ÉDITEUR

6, RUE DE TOURNON, 6

ESSAI

SUR

L'ART D'ÊTRE HEUREUX

I. — VUES GÉNÉRALES.

L'homme est né pour être heureux; ses devoirs, la bonté du Créateur, m'offrent les preuves de cette assertion; et, cependant, de toutes parts des cris s'élèvent contre la destinée! Nous gémissons environnés de richesses dont nous ne connaissons ni le prix ni l'usage; semblables au voyageur qui souffre entouré de végétaux précieux, dont la vertu qu'il ignore ranimerait ses forces défaillantes.

Qu'ai-je vu en entrant dans le monde? Des hommes qui ne croient plus au bonheur.

J'allai, avec toutes les illusions de la jeunesse, vers ceux dont les paroles, les actions, annonçaient un cœur droit. Lorsque je leur demandai les conseils de l'expérience sur les moyens d'être heureux, je fis sourire les uns avec dédain, les autres avec amertume. Persuadés que les plaisirs de l'existence ne dédommagent pas de ses peines, ils considéraient la vie avec une sorte de résignation; et, parce qu'ils étaient découragés, ils se disaient détrompés.

Alors je voulus connaître ces hommes dont l'éclat et l'agitation éblouissaient la multitude. J'approchai d'eux, quelques-uns dissimulaient peu leurs principes. Le vil égoïsme rétrécissait leur âme, une ambition sans fin la tourmentait; en voyant leur sort, je fus consolé d'avoir entendu leurs maximes.

Las du spectacle qui m'environnait, j'allai chercher, au fond de sa retraite, un austère et sombre moraliste; il me représenta ce monde comme un abîme où l'homme souffre en attendant la mort. Ces paroles m'inspirèrent la tristesse et l'effroi; mais je me rassurai bientôt, et je dis : « Non, je ne croirai point qu'il veuille notre malheur, l'être puissant et bon qui forme nos cœurs pour goûter les chastes amours et la sainte amitié; celui qui nous donne l'innocence avant que nous puissions pratiquer la vertu, et qui nous offre le repentir après que nous avons commis des fautes. »

J'avais un moment confondu la sagesse avec la sombre austérité, je fus bientôt près de l'excès contraire. Je vis des hommes légers par caractère, insouciants par système, dédaigner les erreurs communes pour y substituer de plus douces folies. Je leur demandai le bonheur; sans me comprendre, ils m'offrirent des plaisirs. Heureux encore s'ils savaient en éviter les dangers, et si, moins prodigues de la vie, ils ne dissipaient en peu de jours les années que regrettera leur hâtive et triste vieillesse !

Je fus éclairé par tant de fautes et d'erreurs, et chaque jour mes réflexions m'affermirent dans la route nouvelle où je portai mes pas. Comment les hommes qui nous entourent s'occuperaient-ils du bonheur?

Si j'en crois ceux qui tolèrent qu'on admette son existence, il est l'ouvrage de l'imagination; et souvent, pour le détruire, il suffirait de raisonner.

Apprenons à le distinguer du plaisir. Ce lui-ci, léger, rapide, a besoin de prendre des formes aussi variées que nos caprices; son plus grand charme est dans sa nouveauté; l'objet qui le fait naître un jour, le lendemain cesse de plaire. Le bonheur n'est point une sensation fugitive; c'est un sentiment si doux de l'existence, que, plus nous l'éprouvons, plus nous souhaitons de prolonger sa durée. Mais encore, le raisonnement ne détruit pas même les plaisirs. Qu'ils soient exempts de dangers, la réflexion les prolonge, et les fait paraître plus vifs; sans elle, on les effleure, on ne sait point en jouir. Observez ces épicuriens que l'amitié réunit, et dont la seule étude est de multiplier les instants heureux dans la vie. Par quelles discussions ingénieuses ils se pénètrent des charmes de leur situation ! avec quelle finesse ils analysent leurs plaisirs pour mieux les goûter ! Avec quel art

tantôt ils éloignent l'image du passé et celle
de l'avenir, afin que rien ne puisse les distraire, et tantôt ils appellent les souvenirs
et les espérances, pour embellir encore le
présent !

Contre l'opinion générale, je pense que le
plus sûr moyen pour être heureux est de
beaucoup réfléchir. Les premières réflexions
dissipent, il est vrai, le charme que la jeunesse répandait sur la vie, elles nous font
apercevoir des plaisirs moins durables, des
peines plus nombreuses. Alors les hommes
se découragent; ils végètent dans cette situation affligeante. Continuons de réfléchir,
et les objets changeront de face une seconde
fois à nos yeux : les maux qui nous paraissent redoutables s'offriront sous un aspect
moins effrayant, et des plaisirs passagers
recevront un nouvel attrait de leur analo-
gie avec notre faiblesse.

On se trompe en croyant que l'art sur
lequel j'écris ne fut jamais enseigné : il le
fut par des maîtres célèbres. Lorsqu'on
veut réveiller dans son âme de grands souvenirs, de nobles émotions, il faut diriger sa

pensée vers la Grèce. Terre classique des arts et de la philosophie, elle a produit tout ce qui peut enflammer l'imagination des hommes : c'est là que les vertus et la beauté, la gloire et les plaisirs, ont eu des autels. Au milieu d'un peuple d'artistes, de poètes et d'orateurs, dont l'existence immortalisa l'heureuse Athènes, on distingue ces philosophes qu'inspirait l'amour de leurs semblables. Ils enseignaient la science du bonheur ; et le plus éclairé d'entre eux fut peut-être celui qui promit des leçons sur la volupté, mais qui bientôt apprit à ses disciples, accourus en foule, que la plus douce volupté est le fruit de la plus haute sagesse.

Parmi nous, on réfléchit si peu sur l'art d'être heureux, qu'on s'étonnera d'entendre dire qu'il pourrait être assimilé à tous les autres arts. Il n'est pas cependant de vérité plus simple. Pour réussir parfaitement dans cet art, il faudrait, comme dans tous les autres, des dispositions, des circonstances favorables, et l'étude assidue des préceptes.

L'influence des dispositions naturelles est

surtout remarquable dans les individus dont le caractère est très prononcé. Quelques hommes sont doués d'une telle fermeté, que le malheur ne peut les ébranler. Il glisse, pour ainsi dire, sur les âmes stoïques, et le choc des événements contre eux leur fait peut-être éprouver une sorte de volupté en leur donnant le sentiment de leur force et de leur indépendance. Plus souvent on voit des hommes dont l'imagination mobile échappe aux idées tristes ; oubliant sans regret, espérant sans effort, toujours légers, frivoles, ils éloignent le malheur par l'insouciance et la gaieté. Enfin l'organisation la plus désirable, l'organisation parfaite, donne à la fois une grande puissance pour résister aux peines de la vie, et une exquise sensibilité pour jouir avec ardeur de tous les plaisirs vrais.

Est-il besoin de montrer quels secours les circonstances peuvent offrir à notre faiblesse ? C'est commencer la vie sous d'heureux auspices que d'avoir des parents éclairés et tendres, dont les soins dirigent nos premiers pas, adoucissent nos premières peines, et déposent dans nos cœurs le germe des affections qui doivent, en se développant, servir un jour à notre félicité. C'est continuer d'être favorisé par le sort que de trouver dans sa jeunesse des amis laborieux et sages; d'obtenir l'affection d'une femme dont les goûts soient simples, le caractère facile et la raison solide; de voir ensuite ses enfants répondre aux soins qu'on leur donne, de posséder une fortune médiocre, d'exister sous un gouvernement tranquille, et d'arriver à la vieillesse sans survivre aux êtres qu'on chérit.

Mais quelle situation dispense de cultiver la philosophie? Il est des hommes pour lesquels le sort a tout fait, excepté de leur apprendre à jouir de ses dons. Alors même qu'il nous prodiguerait de nombreux avantages, les préceptes seraient encore nécessaires pour nous enseigner l'art de prolonger les instants dont nous pouvons jouir, de goûter tous leurs charmes, de les rendre plus vifs. Les dispositions, les circonstances heureuses, nous sont-elles refusées, loin de perdre leur utilité, les préceptes acquièrent une nouvelle importance. Ils deviennent essentiels pour corriger nos défauts, pour nous aider à traverser les circonstances difficiles. Mais on s'écrie : « Les préceptes sont vains! Dans une situation tranquille, vous les étalez avec pompe; un revers vous les fait oublier. » Au ton tranchant avec lequel on décide que l'étude de la sagesse est inutile, il semble que les êtres frivoles qui nous entourent aient à regretter de lui avoir consacré des années.

Le voyageur s'égare quelquefois après avoir demandé vers quel point de l'horizon il doit diriger ses regards et ses pas. Insensés! vous concluez de ses erreurs qu'il est inutile de connaître la route, et qu'il faut marcher au hasard!

Notre bonheur, a-t-on dit, *dépend des événements et de notre caractère. Nous ne pouvons rien sur les événements, et nous ne pouvons presque rien sur notre caractère, il s'ensuit que nous pouvons très peu de chose pour notre bonheur.* Ah! connaissons nos forces, et ne prenons point de funestes erreurs pour d'affligeantes vérités.

Nous avons de l'influence sur les événements, si nous les évitons par le courage ou l'adresse, surtout par la modération, douce et constante prévoyance du sage. Nous avons sur eux ensuite une influence non moins réelle, par la manière dont nous les considérons. Tel coup du sort dont je suis accablé effleure le sage, qui se dit : « Comment juger l'incertain avenir? De mes revers naîtront peut-être mes jours les plus heureux. » Enfin nous exerçons de l'influence sur les événements, si nous savons sortir des situations pénibles. Nous le saurons d'autant mieux que nous aurons plus de cette force d'âme qui conserve à l'esprit toute sa liberté, et de cette vivacité d'imagination qui distrait des plaisirs passés tant qu'il en existe qu'on peut goûter encore.

Notre caractère n'est pas uniquement le résultat de notre organisation; il est aussi formé par toutes les impressions que nous avons reçues, par toutes les réflexions que nous avons faites. La variété des caractères, si frappante dans les villes riches et très peuplées, est tellement l'effet de causes ac-

cidentelles, que, dans les contrées agrestes
et pauvres, où les hommes ont à peu près
le même genre de vie, l'uniformité des
mœurs est égale à la monotonie des occupations. Tous ces caractères bizarres et misérables, qui doivent exciter le mépris ou la
pitié, sont des caractères factices. Je vois
des hommes dont la manière d'être est en
opposition constante avec celle que le bonheur demande. Qu'on leur parle de plaisirs,
ils ont tout vu, tout épuisé; ils semblent
avoir vécu des siècles. Éprouvent-ils un revers, à leurs gémissements, on dirait qu'ils
commencent de vivre, et qu'ils n'ont pu
prévoir encore que le malheur les attein-
drait. La nature ne donne ni ces dégoûts
prématurés ni cette honteuse et triste lâcheté. Que l'éducation nous éclaire, qu'elle
nous fasse apprécier les biens ou les maux
de la vie, qu'elle rende notre âme plus forte
et notre imagination plus riante, nous se-
rons ce que nous devons être : vieillards
dans les revers, toujours enfants dans les
plaisirs.

Certes, on a peu d'influence sur son caractère, quand on prend peu de soin pour le former. Je pourrais invoquer de nouveau les philosophes de la Grèce, leur exemple nous apprendrait à quel point un long exercice de notre raison peut affermir et modifier notre âme. Ce principe, qu'un homme a peu d'influence sur son caractère, renferme une trop facile excuse pour n'être pas favorablement reçu parmi nous; mais pensez-vous qu'à l'école de Zénon il eût été bien accueilli?

Autant la véritable philosophie, la philosophie qui consiste à se perfectionner, était révérée des anciens, autant elle est dédaignée des modernes. Cependant on voit encore apparaître au milieu d'eux quelques-uns de ces hommes que la nature destine à présenter le modèle de la beauté morale; comme il est des chefs-d'œuvre qui, de siècle en siècle, perpétuent parmi les artistes le modèle de la beauté physique : tel fut Benjamin Franklin, l'honneur du nouveau monde. J'ai relu souvent les pages où il expose son projet d'atteindre à la perfection morale. Il indique le moyen qu'il em-

ployait; puis il ajoute avec une simplicité
touchante : « Quoique je ne sois point arrivé
« à la perfection à laquelle j'avais tant envie
« de parvenir, et que j'en sois même resté
« bien loin, mes efforts m'ont rendu meil-
« leur et plus heureux que je n'aurais été si
« je n'avais formé cette entreprise, comme
« celui qui cherche à se faire une écriture
« parfaite en imitant un exemple gravé,
« sans atteindre jamais à la perfection du
« modèle, rend cependant sa main plus
« sûre et son écriture passable. Il peut être
« utile à mes descendants de savoir que
« c'est à ce petit artifice, et à l'aide de
« Dieu, que leur ancêtre a dû le bonheur
« constant de sa vie jusqu'à sa soixante-
« dix-neuvième année, pendant laquelle
« ceci est écrit. Les revers qui peuvent
« troubler le reste de ses jours sont entre
« les mains de la Providence; mais, s'ils
« arrivent, le souvenir de son bonheur
« passé doit l'aider à les supporter avec
« résignation. »

L'homme peut agir sur lui-même et sur
les événements; il est donc un art d'être

heureux. Quoique cet art n'ait pas une place dans nos encyclopédies, je ne le crois pas moins digne de nos recherches.

Mais comment donner des principes certains, malgré la diversité des goûts, des esprits et des caractères? N'oublions pas une distinction importante. Il existe autant de plaisirs que de sensations agréables; un seul état de l'âme mérite qu'on le désigne par le nom de bonheur. Ainsi l'on peut admettre une très grande variété d'opinions raisonnables sur le choix des plaisirs : deux hommes suivent la même route, ils vont au même but, quoique, dans le voyage, l'un se plaise à considérer les points de vue champêtres et riants, et que l'autre arrête ses regards sur les sites sauvages et pittoresques. Les plaisirs varient pour s'approprier aux divers caractères, aux différents degrés de fortune et d'esprit; mais il est des biens essentiels : l'objet de nos recherches sera de les connaître, et d'apprendre à les acquérir. La nature agit comme une bonne mère : celle-ci laisse l'enfant qu'elle aime choisir en liberté, parmi les jeux innocents de son âge, ceux qui l'amuseront; mais, quand il faut assurer son bonheur, elle ne l'abandonne plus à son inexpérience; elle lui parle avec autorité, le guide et le soutient sur la route, dont les bords sont gardés par la douleur, la honte et les regrets.

Fidèle à la vérité, je reconnais que les discours, les livres, ont une faible influence. Une phrase change-t-elle une habitude? L'éducation seule pourrait conduire les hommes au bonheur; encore toute sa puissance serait-elle nécessaire : l'expérience des autres rarement nous suffit; nous voulons, à nos périls, voir et juger par nous-mêmes.

Quelques personnes demanderont peut-être si celui qui veut enseigner l'art d'être heureux a su jouir constamment du bonheur. Doué d'un peu de philosophie, servi par des circonstances favorables, j'ai trouvé jusqu'à présent dans la vie beaucoup plus de plaisirs que de peines. Mais qui peut espérer la félicité sans mélange? J'ai connu, je l'avoue, les inquiétudes et les regrets, j'ai quelquefois oublié mes principes; et je ressemble au pilote qui donne des leçons de son art après plus d'un naufrage.

II. — DES DÉSIRS.

Qu'est-ce que les peines? Des désirs qui surpassent nos forces. Les Orientaux racontent qu'Oromase apparut au vertueux Usbeck, et lui dit : « Forme un souhait, et je l'accomplirai. — Source de lumière, répondit le sage, je te demande de borner mes désirs aux seuls biens dont je ne puis manquer.»

Gardons-nous de supposer cependant qu'un bonheur négatif, qu'un état exempt de souffrances, soit le plus avantageux que nous puissions obtenir sur la terre. Les défenseurs de ce triste système ont, dans leurs rêveries, mal connu la nature de l'homme. S'il a tort de vouloir des plaisirs, s'il ne doit que chercher les moyens de vivre à l'abri des douleurs, les forêts et leurs antres nous cachent des êtres plus heureux; qu'il aille y choisir des modèles, avec le désespoir de les égaler jamais.

Bornés au présent, les animaux dorment,

mangent, procréent, vivent sans inquiétude
et meurent sans regret : voilà dans sa perfection le bonheur négatif. L'homme, il est
vrai, s'égare en vains projets; ses longs
souvenirs et sa vive prévoyance le font
souffrir dans le temps qui n'est plus et dans
celui qui n'est pas encore; son génie enfante des erreurs, sa liberté des crimes;
mais l'abus de ses facultés ne prouve pas
leur impuissance. Qu'il consacre à les diriger le temps qu'il perd à se plaindre, et
bientôt il bénira le ciel, qui lui donna le
premier rang parmi les êtres. Si, victime,
au contraire, d'une abjecte philosophie, il
essayait d'abandonner ce rang, dont il doit
être fier, en vain tenterait-il de se dégrader;
il ne ferait qu'ajouter à ses maux la honte
d'avoir voulu s'avilir.

Observons les animaux dont l'instinct a le
plus de rapports avec l'intelligence : quel
est celui qui recueille l'héritage de ses
pères, qui l'accroît et le transmet à sa postérité? L'homme seul perfectionne son espèce; il est donc essentiellement distinct
du reste des créatures.

L'absence des peines, le bonheur négatif, ne peut lui suffire ; et ses nobles facultés se refusent au repos de l'indifférence. Créés pour aspirer à tout ce qui nous est vraiment utile, conservons des désirs, et qu'ils nous ouvrent le sentier du bonheur. Trop heureux s'ils ne nous entraînent jamais vers ces objets qui reculent à mesure qu'on s'efforce de les atteindre, et vers ceux dont la possession trompeuse est plus féconde en regrets qu'en plaisirs !

Loin d'être un austère censeur des désirs, je me garderais de blâmer indistinctement ceux qu'on ne peut réaliser. Souvent ils produisent d'aimables illusions ; et quels charmes n'ont-ils pas répandus sur nos jeunes années ? Notre imagination, brillante et vive comme notre âge, embellissait alors tous les objets dont nous étions environnés, toutes les situations où le sort devait un jour nous placer. Des erreurs nous occupaient : elles étaient heureuses, et désirer, c'était jouir.

Ils naissent de nos désirs, ces rêves enchanteurs qui tiennent une place dans la vie de tout homme dont l'imagination est riante. Ingénieux mensonges! illusions fécondes! bercés par vous, nous possédons l'objet de nos magiques rêveries. La possession réelle serait moins fugitive; mais ne peut-elle aussi s'évanouir comme un songe?

Ah! sans doute, quelques dangers se mêlent à ces rêveries séduisantes. En quittant le pays des chimères, la plupart des hommes voient à regret celui qu'ils habitent. N'ayons pas leur triste faiblesse; sachons jouir d'un moment d'erreur et le renouveler encore par le souvenir : il n'est permis qu'aux enfants de pleurer quand leur réveil dissipe les jouets dont un songe les rendait possesseurs.

On se livre aux illusions sans danger, si l'on a formé sa raison, si l'on pense avec sagesse que la situation où l'on est placé par le sort a des avantages que nulle autre ne pourrait offrir. L'imagination embellit alors quelques heures de la vie sans la troubler jamais. Prompt à céder aux douces illusions, il en est peu dont je n'aie goûté les charmes. En sortant de la rêverie, ainsi que d'un léger sommeil, je porte mes regards sur ma femme, sur mon enfant; je pense à l'affection que mes amis ont pour moi, aux plaisirs simples et cependant toujours nouveaux de ma retraite; je souris des erreurs qui viennent de m'occuper, et je me dis : « Eh bien, mon imagination ne peut rien créer de plus doux que la réalité. »

Évitons un piège dangereux; ne nous laissons pas entraîner à confondre, avec les désirs légers qui peuvent amuser ou distraire un moment, ces désirs profonds qui dirigent toutes nos facultés vers un but et peuvent exercer sur la vie une grande influence. Il est temps de considérer ces derniers, et d'offrir des réflexions plus sérieuses.

Les facultés de l'homme agissent dans des bornes étroites, et ses désirs parcourent l'infini. De cette vérité, tant de fois répétée, naissent deux réflexions : l'une affligeante, beaucoup d'hommes sont malheureux sans doute, puisqu'il est plus facile de former

que de réaliser des vœux; l'autre consolante, la plupart des hommes pourraient
jouir du bonheur, puisque chacun d'eux
peut régler ses désirs.

Obligé de les réaliser tous ou de les restreindre, quel parti faut-il prendre? L'ambition nous conduira-t-elle au repos? Celui
qu'elle trouble ressemble à l'enfant qui
s'imagine qu'au sommet de cette montagne
lointaine on touche les bornes de l'horizon;
de montagne en montagne un nouvel horizon se développe à ses yeux.

Cependant le courage et la persévérance
nécessaires pour régler ses désirs nous effrayent. On s'agite pour la fortune, les
honneurs et la gloire; la philosophie vaut
mieux, et l'on voudrait l'acquérir sans
peine!

Elle nous dit : Réaliser ses désirs est une
partie de la science du bonheur; mais c'est
la seule dont les hommes s'occupent, et ce
n'est point la première. Celle-ci doit leur
apprendre quels désirs on peut recevoir et
nourrir dans son âme.

Lorsqu'ils naissent d'une imagination

riante, livrons-nous à leurs rêveries passagères ; mais, lorsqu'ils peuvent exercer une longue influence, qu'un mûr examen nous apprenne si la sagesse veut qu'on essaye de les réaliser. Oh ! combien d'incertitudes et de tourments on pourrait épargner à notre faiblesse ! Si, dès l'enfance, on dirigeait nos regards vers les objets essentiels à la félicité, si l'on dépouillait de leurs charmes trompeurs ceux qui, dans la suite, produisent les espérances chimériques et les regrets amers, quelle reconnaissance nous devrions à l'instituteur dont les soins prévoyants auraient aplani pour nous le sentier du bonheur ! Les grands résultats qu'il faudrait obtenir de l'éducation seraient de savoir modérer ses désirs et d'être sagement habile à trouver toujours quelques dédommagements des peines de la vie. Au contraire, en excitant notre émulation, en nous inspirant l'ardeur d'accroître notre fortune, d'éclipser nos rivaux, on s'étudie, pour ainsi dire, à nous rendre mécontents de notre sort ; et, comme si l'on craignait que nous ne fussions assez tôt pervertis par la contagion de l'exemple, on fait entrer de force dans notre âme ces passions qui la dévorent. On traite de chimériques ces désirs simples et purs qui par eux-mêmes sont des plaisirs, et qui n'appellent qu'un facile bonheur; les désirs dont on nous enflamme sont de ceux qui dessèchent le cœur, qui tourmentent la vie, et qu'on réalise sans parvenir à se satisfaire.

Eh bien, écartons toutes les idées que nous avons reçues, fermons les yeux aux illusions dont on nous environne : et, pour refaire le plan de notre vie, ne conservons dans notre âme que le désir qu'y plaça la nature : celui de jouir du bonheur. Ajoutons par nos réflexions à ses forces, et qu'il soit notre guide dans la route nouvelle que nous devons nous ouvrir.

Toujours, dit-on, ce désir nous anime. Je le crois; mais, dans la plupart des hommes, simple résultat de l'instinct, il est vague et ses effets sont nuls. Le besoin d'être heureux est aussi répandu que la vie; un désir éclairé du bonheur est aussi rare que la sagesse.

Viens, Charron, digne ami de Montaigne, répète-nous, dans ton langage énergique et simple, des vérités oubliées de nos jours. « Le premier et fondamental advis est de « ne vivre point à l'adventure comme font « presque tous. Ils ne goustent, ne possè- « dent, ny ne jouissent de la vie ; mais ils « s'en servent pour faire d'autres choses. « Leurs desseins et occupations troublent « souvent et nuisent plus à la vie qu'ils n'y « servent. Ces gens icy font tout à bon es- « cient, sauf de vivre. Toutes leurs actions « et petites pièces de leur vie leur sont « sérieuses ; mais tout le corps entier de la « vie n'est qu'en passant, et comme sans y « penser ; c'est un présupposé à quoy ne « faut plus songer : ce qui n'est qu'accident « leur est principal, et le principal ne leur « est qu'accessoire. Ils s'affectionnent et « roidissent à toutes choses, les uns à amas- « ser sciences, honneurs, dignitez, riches- « ses ; les autres à prendre leur plaisir, « chasser, jouer, passer le temps ; les au- « tres à des spéculations, fantaisies, inven- « tions ; les autres à manier et traiter af-

« faires; les autres à autres choses, mais à
« vivre ils n'y pensent pas. Ils vivent comme
« insensiblement estant bandez et pensifs à
« autres choses. La vie leur est comme un
« terme et un délay pour l'employer à au-
« tre chose. Or, tout cecy est très-injuste ;
« c'est un malheur et trahison à soy-mesme :
« c'est bien perdre sa vie et aller contre ce
« que chacun se doit, qui est de vivre sé-
« rieusement, attentivement et joyeuse-
« ment [1]. »

Affranchi des idées vulgaires et guidé par
de sages principes, fais du bonheur la
grande affaire de la vie. Dans le monde, il
est des hommes que rend fiers le sentiment
de leurs forces. L'un te dit : « Le succès
couronne mes entreprises, je suis certain
d'acquérir des richesses immenses. » Un
autre : « Je poursuis ma rapide carrière,
tous les obstacles sont vaincus, j'atteindrai
au faîte des honneurs. » Dis avec plus de
fierté : « Et moi, je compterai des jours
heureux ! »

[1] *De la sagesse.*

Mais, pour jouir du bonheur, gardons-nous d'aspirer à la félicité parfaite. L'art qui nous occupe ne la fera point descendre du ciel ; il se réduit à nous indiquer les situations désirables, à nous guider vers elles, et souvent à nous distraire des chagrins de la vie. La plupart des hommes pourraient se trouver bien ; ils sont mal, parce qu'ils veulent être mieux. Une insigne folie est de ne voir que les désagréments de sa situation, et je pense qu'il est d'un bon esprit de s'en exagérer un peu les avantages.

Cherchons quels biens sont nécessaires, et qu'ensuite tous nos désirs se dirigent vers eux. Mais, pour apprendre à les connaître, si je consulte les hommes que j'aperçois dans le tourbillon du monde, quelle foule d'objets ils vont nommer ! si j'interroge d'austères moralistes, combien de sacrifices ils voudront m'imposer ! Incertain, agité, je sens que mes forces sont également impuissantes pour réunir tout ce que les premiers exigent, et pour m'arracher à tout ce que les autres dédaignent.

Observons sans esprit de système, et nous reconnaîtrons que, dans la vie, les biens essentiels sont la tranquillité d'âme, l'indépendance, la santé, l'aisance et l'affection de quelques-uns de nos semblables. Essayons d'obtenir ces biens : ils sont nombreux, difficiles à réunir ; et cependant, s'ils bornaient l'ambition des hommes, quel changement heureux serait opéré sur la terre !

III. — DE LA TRANQUILLITÉ D'AME.

Par le mot tranquillité, je désigne cet état où l'âme, exempte de nos faiblesses, goûte le calme heureux qu'elle doit à son élévation. Inaccessible aux orages, elle reçoit les émotions qui naissent des plaisirs purs, et suit les mouvements généreux qu'inspirent les vertus. La tranquillité n'est l'indifférence qu'aux yeux du vulgaire. Un sentiment doux et flatteur de l'existence l'accompagne ; on peut, avec une juste fierté, penser aux causes qui la produisent ; sans raisonner, on en jouit, on la respire : elle est la volupté du sage.

Une conscience pure est la source de ce calme enchanteur. Vainement essayerait-on de voiler son égoïsme et de n'entendre que des discours adulateurs. Il faut pouvoir se dire : « J'ai cherché quelquefois l'occasion d'être utile, j'ai toujours accueilli ceux qui sont venus me l'offrir. »

Une condition également nécessaire... Lecteurs frivoles, enthousiastes de maximes brillantes, vous avez pu jusqu'ici ne me traiter que de rêveur ; mais de quels noms allez-vous m'accabler ? Cette condition est de fermer son âme à l'ambition.

Je ne viens point déclamer contre cette passion si répandue qu'elle est presque universelle ; je n'exposerai que des idées fort simples. Consacrer au bonheur le plus de jours qu'il est possible, perdre le moins d'instant qu'on le peut en désirs inquiets, c'est suivre les premières leçons de la philosophie pratique. « Brille, captive la fortune, » répétez-vous sans cesse à votre élève. Eh ! si le malheureux vous écoute, il va consumer sa vie dans les désirs. Je dis au mien : « Jouis sans retard. » Mais alors, s'écrie-t-on, vous voulez qu'il végète, et ne puisse franchir les bornes d'un cercle étroit. Je veux y réunir pour lui presque tous les plaisirs du cœur, de l'esprit, de l'imagination, et même les vrais plaisirs des sens : hors de là, que trouverait-il ? Les plaisirs de la vanité.

J'admets qu'ils sont vifs, enivrants ; mais forcé de choisir entre des biens qui s'excluent, j'examine quels soins il en coûte pour les obtenir, et quels charmes ils donnent à la vie. Si je cède à l'ambition, je dois fuir ma retraite, renoncer aux plaisirs qu'une famille, des amis, de libres occupations, y renouvellent chaque jour : plus de douces rêveries ; je ne vivrai plus avec moi, je laisse, avec l'obscurité, le repos et l'indépendance.

Quel sort m'est réservé, si je n'obtiens jamais ces honneurs dont l'éclat m'a troublé ? Grâce à mon active persévérance, je les possède enfin ! Combien de jours en jouirai-je ? Ils ne me seront point enlevés : combien de fois, assiégé d'alarmes, gémirai-je au souvenir d'un imprudent échange !

3

Connaissez les jours vraiment heureux pour celui que l'ambition agite. Ce sont les jours de jeunesse et d'inexpérience où, formant ses vastes projets, aplanissant en imagination les obstacles, il embellit de ses rêves la carrière qu'il brûle de parcourir ; mais, trop souvent, les biens que l'ambition fait briller à nos yeux ressemblent à ces peintures qui, vues de loin, représentent des scènes enchanteresses, et n'offrent que des traits hideux à celui qui les touche.

Je sais éviter l'exagération : les moralistes nous trompent lorsque, peignant les vertus et les vices, ils placent d'un côté le bonheur sans mélange et de l'autre le malheur absolu. Au centre même des inquiétudes, malgré ses désirs, ses regrets, l'ambitieux goûte encore des instants de plaisir et d'ivresse. Lecteur, c'est le bonheur que nous cherchons. Si l'on ne veut que s'étourdir, les conseils deviennent inutiles ; si l'on ne cherche que des plaisirs, ils varient à l'infini, pénètrent dans toutes les situations, s'approprient à tous les caractères.

Cet hypocrite, cet envieux, cet avare, n'ont-ils que des tourments? Observons le misanthrope qui répète sans cesse que, dans ce monde peuplé d'êtres pervers, l'existence est un poids odieux. Cet homme a des plaisirs. Chaque invective qu'il lance est un éloge qu'il se donne ; en nous rabaissant, il s'élève à ses yeux, et s'applaudit de retrouver en soi les qualités qui nous manquent. Rencontre-t-il un partisan de ses principes ? qu'il est doux pour deux misanthropes de se communiquer leurs découvertes, et de faire assaut de sarcasmes contre le genre humain ! Trouve-t-il un antagoniste ? exercer la contrariété est un plaisir qui le charme ; et, comme il a la voix haute, que d'ailleurs, en parlant des sottises humaines, on ne manque ni de faits ni d'arguments, il sort tout fier d'une lutte qu'il était ravi d'engager.

Non seulement l'ambitieux a des plaisirs qui souvent éblouissent, peut-être en a-t-il d'inconnus, que l'on découvrirait en l'observant profondément. L'ardent désir du succès nous fait trouver des charmes dans

les efforts que nous tentons pour réussir ;
et les actions viles, ridicules ou révoltantes
d'un ambitieux sont des moyens essentiels
pour atteindre son but. Il est possible
qu'une bassesse extraordinaire cause à celui qui la fait une sorte d'orgueil, par cela
même qu'elle est extraordinaire. Enfin, il
est trop vrai que le plaisir peut se mêler
aux caprices les plus bizarres, aux vices
les plus honteux, aux crimes les plus
atroces.

Pauvres humains ! nous attachons des
idées de grandeur à l'ambition, et nous ne
voyons pas qu'elle naît de la faiblesse. S'affranchir des erreurs communes, se créer
de sages principes, et faire plus, oser les
suivre, voilà ce qui prouve de la force.
Mais, avoir besoin d'éblouir le vulgaire,
devancer en rampant d'autres hommes et
leur disputer des hochets, cela supposerait
une grande âme ! Il y a souvent de la folie
dans nos raisonnements, et de la niaiserie
dans notre enthousiasme.

De pitoyables erreurs font envier l'autorité ! Les hommes puissants sont bien heu-

reux, dit le vulgaire ; tous leurs désirs se
réalisent ! Une épitaphe sublime est celle
du comte de Tessin [1]. Il parcourut la carrière de la fortune, du pouvoir, et, près de
mourir, il ordonna de graver sur sa tombe
ces mots : *Tandem felix!*

Je ne déclame point si je dis que rien
ne rend la vie plus douce que de la passer
parmi des hommes dont les idées sont
justes, le cœur droit, les mœurs franches ;
au milieu d'eux, on est environné d'une
atmosphère où l'on respire librement. Pour
obéir à l'ambition, condamnez-vous à vivre
entouré d'intrigants avides, inquiets, faux,
vindicatifs, et souvent unissant l'insolence
à la bassesse. Exercez-vous à mépriser vos
premiers amis, remaniez votre âme, car
vos tourments seraient centuplés, s'il vous
restait quelque réminiscence de l'honneur.

On ne sort point d'une société d'égoïstes
intrigants tel qu'on y est entré ; on y devient ou plus pervers ou meilleur. Dans
l'âge de l'inexpérience où l'on effleure la

---

[1] Ministre suédois.

superficie des objets, on se laisse aisément
éblouir à cette dangereuse école. Mais elle
peut être un utile moyen d'études pour
l'homme dont le caractère est ferme et l'esprit exercé. Là se confirment tous ses principes : il observe, tantôt avec effroi, tantôt
avec dégoût, les tristes résultats des passions séduisantes ; là il entend des hommes,
dont tous les vœux paraissent accomplis,
regretter les temps de leur obscurité.
Vaines paroles, objectera-t-on, aucun d'eux
ne consentirait à descendre de son rang. Je
le crois, et c'est le comble du malheur que
de ne pouvoir supporter le repos lorsqu'on
a vécu longtemps sur une scène agitée.

On accuse les philosophes d'avoir peint les
grandeurs sous un aspect défavorable pour
se consoler de ne pas en jouir. C'est oublier
leur histoire : tous ont vu de près la puissance ; la plupart d'entre eux l'ont exercée
et lui ont dû l'infortune. Aristote instruisit
le fils de Philippe, et Platon visita la cour
des rois. Cicéron obtint le titre de père de
la patrie ; et le peuple, sauvé par son éloquence, vit sa tête sanglante jetée sur la

tribune aux harangues. Sénèque mourut par l'ordre de Néron, que ses conseils avaient d'abord rendu l'espoir et l'amour des Romains. Boëce, trois fois revêtu de la pourpre consulaire, écrivit dans un cachot les consolations qu'inspire la philosophie, et déposa son livre au pied de l'échafaud. Marc-Aurèle honora le trône du monde par les vertus modestes qui semblent ne rester pures que dans l'obscurité. Descartes accepta l'asile que lui offrit une reine. Et vous aussi, divin Fénelon, vous fûtes élevé à de hautes dignités ; elles attirèrent des calomnies sur vous, elles causèrent les amertumes de votre vie, et vous avez dû à la sagesse vos jours heureux et votre gloire.

Souvent, l'espoir d'être utile détermine un homme de bien à s'élancer au milieu des orages de la société pour défendre l'intérêt public; c'est un devoir sacré qu'il va remplir, dût-il en être victime, et son dévouement est l'opposé de l'ambition. Mais, quand les émoluments d'un emploi fastueux nous séduisent, évaluons notre repos, évaluons notre indépendance, et n'échangeons pas des trésors contre une somme légère.

Il était sage, ce Persan qui, sollicité par d'avides parents de quitter sa retraite pour accepter des honneurs et des richesses qu'une main amie lui offrait, répondit : « Lorsque j'étais enfant, mon père me fit « cadeau d'un sequin. Je vis sur la bou- « tique d'un petit marchand une feuille de « clinquant très brillante, et pour l'avoir, je « donnai mon sequin. C'est un marché du « même genre que vous me proposez; je ne « suis plus un enfant, et je ne donne plus « de l'or pour du clinquant. »

L'homme est toujours maître de s'assurer le témoignage de sa conscience, et de voir en pitié les chimères de l'ambition; mais il y a de plus fortes épreuves à supporter. La vie ne se passe point sans qu'on subisse des pertes déchirantes ; lorsque le sage en est victime, peut-il conserver sa tranquillité d'âme ?

IV. — DU MALHEUR.

Que nos principes n'aient rien d'exagéré, si nous voulons qu'on les suive. Il est des maux contre lesquels les secours de la raison et ceux même de l'amitié sont impuissants. Laissons gémir l'infortuné qui vient de perdre un être dont la vie se confondait avec la sienne ; le temps seul peut affaiblir sa douleur. Rendre l'homme impassible, ce serait changer sa nature ; et quel avantage en résulterait-il ? Stoïcien austère, qui vois avec dédain ma faiblesse, si tu rends mon âme indifférente aux coups les plus affreux du sort, quelle sensibilité lui laisseras-tu pour jouir du bonheur ?

Rien de plus absurde que les discours par lesquels on veut consoler celui qui regrette, ou son enfant, ou sa femme, ou son ami. Tous les raisonnements échouent contre ces mots : Je l'ai perdu ! — Votre malheur, me dit-on, est sans remède. — Eh ! s'il y avait un remède, au lieu de gémir, je l'emploierais ; c'est parce qu'il n'y en a point que je verse des larmes. — Elles sont inutiles. — Elles servent à me soulager. — Votre enfant est heureux, il n'a pas connu les peines de la vie. — Je voulais lui en faire connaître les plaisirs. — Dans le cours d'une longue carrière, votre ami donna l'exemple de toutes les vertus. — C'est pour cela que je dois le regretter sans cesse.

La plupart des hommes exagérant leurs regrets, payant tribut aux bienséances plus qu'à la nature, de frivoles distractions leur suffisent. Mais souvent on fait subir des consolations tyranniques à ceux dont l'âme est profondément déchirée ; ils ont besoin de gémir en liberté. La solitude exalte l'imagination, mais elle inspire des idées consolantes. En s'y réfugiant, un être désolé se rapproche de celui qu'il regrette, il le voit, il lui parle, il l'invoque. Ainsi, une intelligence bienfaisante proportionne ses secours à nos peines ; et l'infortune extrême réveille les plus hautes espérances.

La douleur est, plus qu'on ne le suppose, ingénieuse à se consoler elle-même. Tou-

jours nous essayons de calmer nos souffrances; seulement nous employons des
moyens différents, selon que nos blessures
sont légères ou profondes. Deux personnes
ont perdu leur ami ; l'une s'éloigne des
lieux qu'il habitait, se distrait et cherche à
l'oublier ; l'autre reste, et, par les souvenirs dont elle s'environne, cherche, pour
ainsi dire, à le faire revivre.

La mort d'une personne aimée est peut-
être le seul malheur réel : qu'on l'éprouve
après diverses infortunes, on sent qu'on ne
connaissait pas encore la douleur. Mais s'il
est un genre de malheur sous lequel nos
forces succombent, qu'il obtienne seul ce
funeste triomphe : dans les autres revers,
on doit trouver en soi des ressources contre
l'adversité ; on peut toujours s'y soustraire
ou s'y résigner.

Tous les moralistes ont écrit sur la manière dont le sage doit considérer les peines
de la vie. Sans me jeter dans les lieux communs pour développer leurs maximes, souvent plus imposantes que faciles à pratiquer,
je vais offrir le précis de ma philosophie.

Il faut se dire chaque jour : « Être passager, que tant de périls menacent, ne rêve point un bonheur sans mélange. Hâte-toi de goûter les moments heureux, des jours tristes vont peut-être les suivre. Ignore les peines qui n'existent que dans l'opinion ; arme-toi de courage pour éloigner les autres ; et, s'il faut les subir, que la résignation, fermant tes yeux sur le passé, assure encore ton repos lorsque le bonheur s'enfuit. »

Je parcours de nouveau ces conseils pour leur donner quelques développements. Si j'en crois nos sages, la tranquillité d'âme est le résultat de l'organisation et des circonstances : on la doit bien plus encore à la réflexion.

Plaignons celui qui, s'abandonnant aux songes du plaisir, oublie de prévenir un funeste réveil. J'ai connu des femmes qui ne semblaient formées que pour respirer le bonheur. Aux avantages que donnent la jeunesse, l'esprit et la beauté, venaient s'unir pour elles ceux que procurent le rang et les richesses. Aux plaisirs dont une foule brillante les environnait dans l'âge de l'inexpérience, plusieurs savaient allier les plaisirs plus doux d'épouse et de mère. Rien ne les avait averties que leur sort pût jamais s'obscurcir. Tout à coup des cris épouvantables ont frappé leur oreille ; des bourreaux ont paru, et leur ont dit : « Montez à l'échafaud ! »

Ces grandes catastrophes, ces revers éclatants, sont rares: mais quels que soient ceux qu'on éprouve, ils sont encore trop difficiles à supporter, s'ils n'ont jamais été prévus. Pensons quelquefois au malheur, comme on pense au caractère des personnes avec lesquelles on pourra se trouver obligé de vivre un jour.

C'est la nouveauté seule qui rend nos émotions très vives. Le Poussin, dans son tableau d'*Eudamidas*, a peint avec fidélité le cœur humain. La jeune fille s'abandonne au désespoir ; à demi couchée sur la terre, elle laisse tomber sa tête sur les genoux de la vieille mère du mourant. Celle-ci est assise: son attitude annonce la méditation ainsi que la douleur ; au travers de ses larmes, on aperçoit encore la fermeté sur son visage. De ces deux femmes, l'une est à son premier essai du malheur; l'autre a fait un long apprentissage des peines de la vie.

La réflexion donne une expérience anticipée. Elle ôte au malheur cet air de nouveauté qui le rend effrayant. Quand le sage éprouve un revers, sa nouvelle situation lui est déjà connue ; il en a jugé les peines et prévu les consolations : quelque demeure qu'on lui donne, il n'aura dans aucune l'embarras d'un étranger.

Faibles combattants, jetés dans l'arène du monde, n'attendons pas que le sort ait porté ses coups ; nos blessures seraient douloureuses et lentes à cicatriser. Émoussons d'avance les traits du malheur; s'ils nous atteignent, ils ne pourront nous déchirer.

Mais, en songeant aux douleurs qui peut-être éprouveront un jour notre courage, que jamais les alarmes ne troublent le présent. De toutes les qualités, la prévoyance est la plus difficile à régler : qu'on en ait peu, on tombe dans quelques revers ; qu'on en ait trop, on est toujours misérable.

L'épicurien se prépare à des périls douteux, de manière à donner au plaisir un attrait plus vif. Il sent mieux le prix des moments que lui laisse le sort; il dissipe les craintes qui pourraient en altérer la paix. Je ne sais quelle sombre philosophie condamne les maximes qui nous invitent à tirer de l'incertitude de notre destinée un motif pour embellir l'instant dont nous pouvons jouir. Êtres passagers, autour desquels tout s'agite et tout change, adoptons ces maximes; aidons les hommes qui nous entourent à les mettre en pratique ; rendons heureux ceux dont le sort est en notre pouvoir ; demain, peut-être, il ne serait plus temps.

Comme si la nature n'avait pas semé d'assez de peines notre courte carrière, les hommes en ont inventé de nouvelles. Nées de leurs préjugés, de leur vanité puérile, elles leur semblent quelquefois plus difficiles à supporter que les maux véritables. Tel qui montra du calme dans des situations

périlleuses, ne dort plus parce qu'on a né-
gligé de lui envoyer une invitation pour
une fête, ou parce qu'on lui refuse un ruban
qu'il voudrait ajouter à deux autres. La
femme et le fils d'Edmond sont atteints
d'une maladie grave : je le rencontre pâle,
soucieux; tandis que je cherche quelque
espérance à lui donner, il m'apprend le
sujet de ses inquiétudes : il sort de chez un
grand seigneur, c'est la seconde fois, sans
être reçu! il ne peut plus douter d'un re-
froidissement, dont il se perd à démêler la
cause.

Pour échapper à des angoisses ridicules,
adoptons un principe qui ne sera pas moins
vrai, quoique exprimé d'une manière tri-
viale : plus des trois quarts et demi des
choses de ce bas monde ne valent pas la
peine qu'on ait une volonté. J'ajoute que,
même dans les affaires qui paraissent importantes, on doit peu craindre de se con-
fier au hasard : il est souvent plus sage
que nos calculs. S'il décide d'une manière
qui nous semble fâcheuse, différons encore
d'accuser la fortune. J'ai vu Gercour monter

radieux au ministère, son élévation assurait
le bonheur de sa vie : trois mois d'autorité
lui valurent les longues persécutions dont
s'indignèrent ceux mêmes qui détestaient
son insolence. J'ai vu Ferville désolé de ne
pas obtenir la main d'une jeune personne
à qui les entreprises de son père promet-
taient une fortune immense. Beaucoup d'activité, d'intelligence et de mauvaise foi
n'ont pu soutenir ces vastes entreprises : et
Ferville partagerait aujourd'hui la misère
d'une famille déshonorée. Tel événement
nous enchante, tel autre nous désespère;
l'avenir dira lequel est funeste.

Toutefois, il est des dangers réels; je ne
suis point impassible, et ne sais pas attacher du mérite à me trouver par insouciance
dupe des hommes ou du sort. La philosophie la plus simple est aussi la plus haute.
Dans la plupart des circonstances restons
tranquilles, insouciants, et laissons au hasard le soin de nous conduire. Dès qu'un
péril évident nous menace, réunissons nos
forces; et, pour le détourner, luttons avec
courage. Si, malgré nos efforts, l'adversité

4

nous atteint, l'audace ne peut la vaincre;
il est d'autres secours dont la sagesse doit
enseigner l'usage.

Combien d'hommes ignorent le prix de
la résignation, et la confondent avec la
faiblesse! Elle est peut-être le genre de
courage le plus rare. L'homme, cependant,
la reçoit de la nature; ce sont les désirs,
les inquiétudes, dignes fruits d'une éducation ambitieuse, qui font perdre à l'âme sa
force première. Je lis toujours cette anec-
dote avec émotion : Un sauvage, voguant
sur le fleuve de ses déserts, fut entraîné
par la rapidité du courant vers un abîme.
L'infortuné rama d'abord avec une incroya-
ble vigueur pour échapper au danger ;
mais bientôt, jugeant que ses efforts étaient
inutiles, il posa la rame, se coucha dans
son canot, et, quelques minutes après, dis-
parut sous les vagues. Dans tous les genres
de dangers, essayons d'imiter le sauvage :
tant qu'il conserve de l'espoir, il lutte avec
ardeur, et, dès qu'il n'en a plus, il s'endort
sur le péril.

On nous a dit follement de lutter contre

les revers ; il faudrait nous apprendre que la résignation a des charmes. Elle fait plus que voiler l'image de nos pertes ; hâtant l'ouvrage du temps consolateur, elle nous fait ouvrir les yeux sur les biens qui nous restent ; elle précède l'espérance, comme le crépuscule paraît avant l'aurore.

C'est en examinant chaque jour quelques principes de conduite, qu'on donne un grand empire à sa raison, et qu'on apprend à tirer le parti le plus avantageux de toutes les situations de la vie. Les philosophes grecs possédaient l'art d'être heureux ; mais aussi, la connaissance des vrais biens, les avantages de l'élévation d'âme, le danger des passions : tels étaient les sujets ordinaires de leurs méditations et de leurs entretiens. Il ne cédaient moins que nous aux douleurs de la vie que parce qu'ils avaient une plus longue habitude de la réflexion.

Parmi les hommes qui maintenant paraissent occupés du bonheur, les uns ne songent qu'à multiplier leurs jouissances physiques ; bornés à des sensations grossières, ils différeraient peu des brutes s'ils ne parlaient de ce qu'ils mangent. D'autres, plus sensés, demandent des plaisirs aux lettres, aux beaux-arts; mais ils ne cultivent que leur esprit; et, pour s'être élevés au-dessus du vulgaire, il ne sont pas toujours dans une situation plus douce que la sienne. De nos jours, les hommes les plus rares sont ceux qui veulent être véritablement hommes, qui s'étudient à perfectionner leur caractère, à développer les germes de modération et d'insouciance, de courage et de résignation, déposés dans leurs âmes par la main de la Divinité.

V. — DE L'INDÉPENDANCE.

Il est plusieurs genres de liberté. Celui que nous devons à l'équité des lois, sans être indispensable au sage, rend son bonheur plus facile. Quelle que soit la divergence de leurs opinions politiques, tous les hommes ont le désir d'être libres : chacun d'eux craint de se trouver soumis aux caprices de ceux qui l'entourent, et la soif du pouvoir est encore l'ardeur de l'indépendance.

Avec quel intérêt nous lisons dans les voyageurs quelques détails sur des peuplades presque ignorées, inconnues à l'histoire, et dont la liberté, les mœurs pures, nous attendrissent et nous étonnent! Dans la Grèce, où le charme des souvenirs rend plus hideux l'esclavage, combien d'émotions on éprouve en visitant la petite île de Casos, qui n'a point subi le joug ottoman! On y retrouve les usages des anciens Grecs, leurs costumes, leur beauté, leur naturel aimable et fier : cette île n'est qu'un rocher, mais ses écueils l'ont défendue contre la tyrannie. En nous parlant d'une peuplade heureuse, on nous émeut, alors même que nos mœurs sont corrompues. Ainsi de riches citadins qui fuient la campagne, comme un lieu d'exil, aiment à voir dans leurs salons les tableaux qui représentent des paysages et des fleurs.

Que notre imagination cependant ne soit pas trop prompte à s'enflammer aux récits des voyageurs. Si nous habitions un de ces coins de terre où la félicité semble avoir choisi son asile, des usages nouveaux, des mœurs et des plaisirs qui nous sont étrangers, nous y feraient peut-être périr de regret et d'ennui. Lorsque, dans notre enfance, on nous vantait les prodiges de Sparte et de Rome, chacun de nous ambitionnait d'être né dans ces républiques fameuses. Hélas! sous leurs gouvernements, peut-être eussions-nous désiré moins de gloire et des jours plus paisibles.

Insigne folie que celle des hommes qui vont, loin de leur patrie, à la recherche du bonheur! Presque tous, trompés dans leurs espérances, après avoir longtemps erré à travers les dangers, meurent de misère et de regret sur une terre inhospitalière. Cet adage, bien différent d'un autre plus connu, cet adage, *ubi patria ibi bene*, doit être non seulement celui des grandes âmes, mais encore celui des cœurs sensibles. Quelques mœurs et quelques talents qu'on porte dans une autre contrée, on y est un étranger. Les usages qu'on adopte sont nouveaux pour soi; les sites ne réveillent point de souvenirs qui les embellissent, et l'on ne trouve dans le cœur d'aucun homme une

vieille amitié. Toujours on regrette les lieux
où l'on a connu les premiers plaisirs et les
premières peines ; lieux chéris où l'on a
commencé d'aimer ! Si, ramené par un sentiment puissant, on les revoit après une
longue absence, quelles douleurs on s'est
préparées ! On revient étranger dans sc
patrie. On demande ses parents, ses amis ;
tous les coups dont on aurait été frappé à
de longs intervalles, on les reçoit en un
instant : on n'est revenu que pour pleurer
sur le tombeau de ses pères !

La retraite et la médiocrité peuvent donner partout une véritable indépendance. Le
sage, quand il ne peut affranchir son pays,
supporte des lois rigoureuses, des ordres
injustes, comme il cède aux caprices du
sort. Mais souvent il échappe à la puissance ; il sait se garantir des relations qui
multiplieraient ses devoirs et ses chaînes :
obscur, il vivrait libre près de Constanti-
nople.

Un autre genre de liberté est celui dont
on jouit lorsque, sans état, sans affaires,
on dispose de tous ses moments. Ce genre

de liberté vaut ce qu'on le fait valoir. Fatigant pour les hommes inoccupés, il a pour d'autres d'heureux avantages. Qu'il est doux de se dire au réveil : Cette journée est à moi ! Avant de se lever, un épicurien passe une heure charmante en songeant aux plaisirs qui naissent de cette indépendance.

Mais, s'écrient les moralistes, il faut acquitter sa dette, il faut se rendre utile à la société. Que de gens répètent cette phrase, et, dans les places qu'ils sollicitent, ne considèrent que les émoluments et les honneurs ! Pour être utile à ses semblables, je ne puis voir la nécessité d'exercer un état, d'occuper un emploi. Ne dites point que ma morale est dangereuse, qu'elle priverait la société des secours que lui doivent ceux qui la composent. Soyez sans alarmes, vous ne manquerez jamais de chef pour vous maîtriser, de gens de finance et de gens de justice pour vous dépouiller, ni de médecins pour vous délivrer des peines répandues sur vos jours.

Cet homme qui s'empresse de servir ceux qu'il peut obliger, qui paraîtrait avec éclat

.sur les routes de l'ambition ; mais qui, modeste et fier, studieux et libre, vit heureux au sein de la retraite, cet homme n'a-t-il rien fait pour acquitter sa dette? l'exemple de son désintéressement est-il donc inutile à la société?

Gardons-nous, toutefois, d'estimer trop un genre d'indépendance facile à perdre, et dont la plupart des hommes ne jouissent jamais. Si, pour acquérir un peu d'aisance, je suis contraint de sacrifier chaque jour quelques heures, je saurai me dédommager en jouissant des autres, et je conserverai beaucoup de temps, beaucoup de liberté d'esprit, parce que je chercherai à vivre et non à m'enrichir.

Je serais peu difficile sur le choix d'un état. J'exclurais seulement ces emplois lucratifs dont l'inquiétante responsabilité troublerait mon sommeil, et ces places où l'on est forcé d'ajouter au soin de les remplir le travail plus difficile de les conserver.

Obligé de renoncer à mon entière indépendance, aux douces habitudes que je m'étais formées, je n'attacherais nul intérêt à choisir mes occupations. Ne faisant plus ce que je veux, il m'est indifférent de faire telle chose ou telle autre.

Je croirais cependant essentiel de considérer avec quels hommes une place oblige à vivre. Je ne voudrais, pour rien au monde, être avocat ou procureur. J'aurais des fonctions fort respectables sans doute; mais chacun parle de son état, surtout les gens de loi; je ne m'accoutumerais pas à vivre entouré d'hommes qui m'entretiendraient perpétuellement de procès, de débats et de tout ce qu'il y a sur la terre de plus affligeant et de plus ridicule.

Par épicuréisme, je voudrais une place obscure. Il me faudrait moins de temps pour l'obtenir, moins de peines pour la conserver. Exempt des inquiétudes qu'inspirent les vastes travaux, et des ennuis qui suivent l'importune étiquette, je retrouverais chaque soir mon indépendance absolue; j'en jouirais sans nul souci du lendemain. Je me plairais quelquefois à lui donner un charme plus vif, en songeant à l'agitation, aux regrets, aux alarmes de ceux qu'emporte le tourbillon du monde; et je croirais alors ressembler à ce Romain qui, pour s'endormir voluptueusement, faisait placer son lit sous une tente et sommeillait au bruit des orages.

Oh! combien la frivolité blâmerait mes principes! elle me prédirait un tardif repentir. Je me bornerais à répondre : « Dans les premiers et dans les derniers rangs de la société, je n'ai vu que gens fatigués de leur sort. Si je dois être un jour mécontent du mien, j'aurai du moins l'avantage de n'avoir pris aucune peine pour me trouver dans la situation où les autres hommes arrivent après de grands efforts. »

Dirigeons enfin nos regards vers le genre de liberté le plus utile, le seul peut-être qui nous soit nécessaire : il résulte de notre empire sur nous-mêmes. Tels sont ses avantages, qu'il fait oublier la perte des autres et que jamais les autres ne le remplacent.

De quelle liberté pourrait jouir cet homme que l'ambition subjugue? un geste, un coup d'œil, un sourire, l'effraient et lui font cher-

cher en tremblant ce que présagent ces signes, échappés sans intention à ses maîtres.
Ce serait peu de bannir les passions tyranniques. Voyez ce riche qui sans cesse dépend d'une foule de valets et d'ouvriers
auxquels il paraît commander. Il ne sait
agir qu'à l'aide de plusieurs personnes ; il
est aux ordres de son coiffeur, plus que
cet homme n'est aux siens ; son tailleur le
retarde ; et quand son cocher est prêt, ses
chevaux peuvent encore l'empêcher de
sortir.

Quelque genre de liberté que nous consi-
dérions, le plus sûr moyen pour en jouir
est d'avoir peu de besoins. Mais, comment
les restreindre ? Le vulgaire ne trouverait
le bonheur que dans une contrée où cette
question serait inutile, où, les objets qui
nous séduisent étant inconnus, la médiocrité ne pourrait causer de regret, ni la
sagesse exiger d'effort. Parmi nous, il reste
aux âmes élevées deux moyens de con-
tracter peu de besoins.

D'austères philosophes ont repoussé les
plaisirs qu'ils n'espéraient pas obtenir tou-

jours. Réduits au nécessaire, ils se trouvaient dédommagés de quelques privations
par la certitude d'être à l'abri d'une foule
de peines et par le sentiment de leur indépendance. Ce moyen est le plus sûr, et
presque tous les hommes qui tenteront d'employer l'autre différeront du vulgaire par
leurs principes plus que par leur conduite.

Mais, combien d'objets dont l'attrait
éveille les désirs n'ont rien de nuisible, si
nous pouvons toujours en détacher notre
âme ! Il est donc une manière plus sage de
borner ses besoins : elle exige une rare
élévation d'âme, une philosophie parfaite;
osons cependant l'adopter.

Tandis que les plaisirs nous environnent
de leurs songes légers, que la raison nous
dise : Un instant les dissipe ! Soyez prêts,
s'ils s'enfuient, à trouver une volupté nouvelle dans le sentiment de votre fermeté,
de votre mâle indépendance. Régnez sur
les plaisirs : mon héros est celui qui les
accepte quand ils viennent s'offrir, et qui
dédaigne un vain désir alors qu'ils disparaissent.

Alcibiade, reçois mon hommage ! Disciple
des grâces et de la sagesse, je t'admire en
te voyant étonner tour à tour la Perse par
ton faste et Lacédémone par ton austérité.
Tu changeais sans cesse de caractère et de
principes, disent tes détracteurs. Je te vois
toujours le même, toujours supérieur aux
hommes qui t'environnent. Une trempe
d'âme telle que la tienne est la plus forte ;
ainsi que les tempéraments les plus robustes
sont ceux que n'altèrent ni la violence de la
chaleur ni l'âpreté du froid.

VI. — DE LA SANTÉ.

La santé suit la modération, l'insouciance
et la gaieté. L'éternelle sagesse a voulu
que les émotions qui troublent nos jours
fussent propres à les abréger ; et que celles
qui les rendent heureux fussent encore
celles qui les prolongent.

Cependant, si la nature pouvait être injuste, je l'aurais accusée quelquefois de
punir avec trop de sévérité les erreurs de
l'inexpérience. Il en est de la vie comme

de tous les biens, on les dissipe tant qu'on les croit inépuisables.

J'ai vu des jeunes gens d'un bon cœur et d'un esprit aimable, emportés par la fougue de l'âge, fiers de se croire disciples d'Épicure, essayer de compter tous leurs instants par des plaisirs. Prodigues de la vie, souvent ils répétaient qu'ils la voulaient *courte et bonne*. Jeune aussi, je trouvais séduisante cette espèce d'audace, cette insouciance absolue de l'avenir. Je les ai vus, avant trente ans, sur le lit de souffrances qu'ils ne devaient plus quitter, rappeler un reste de courage pour parler de leurs fautes, tendre à leurs amis une main défaillante, leur jeter un regard douloureux, soupirer et s'éteindre.

Aux erreurs de la jeunesse succèdent celles de l'âge mûr. L'ambition, la cupidité, la haine, usent la vie. Les orages qui bouleversent les facultés morales détruisent les forces physiques; et toute passion vicieuse est un poison brûlant.

Quelle autre source de maux que ces inquiétudes, ces soucis puérils, qui troublent la plupart des hommes! De petits intérêts les occupent, de vains débats les agitent; ils veillent pour des futilités, et des chimères les désolent.

Les émotions douces entretiennent la vie, et produisent sur elle l'effet d'un souffle léger sur la flamme. Des pensées habituellement élevées, toujours sereines, et quelquefois rêveuses, donnent à l'âme la gaieté pure et vraie. Elle est parmi nous le trésor le plus rare; et je conçois ce paradoxe, que les trois quarts des hommes meurent de chagrin.

Un médecin allemand a publié, sur l'art de prolonger la vie, un ouvrage rempli d'observations intéressantes. « Les philo-« sophes, dit-il, jouissent d'un doux loisir. « Leurs pensées, presque toujours étran-« gères aux intérêts vulgaires, n'ont rien « de commun avec ces idées affligeantes « dont les autres hommes sont perpétuel-« lement agités et rongés; elles sont agréa-« bles par leur variété, par leur vague « liberté; et quelquefois par leur frivolité « même. Ils disposent de leur temps, li-

« vrés à des travaux de leur choix, à des
« occupations de leur goût. Souvent ils
« sont entourés de jeunes gens dont la vi-
« vacité naturelle se communique, et vient
« en quelque sorte les rajeunir. Toutefois
« il est, par rapport à la durée de la vie,
« une distinction à faire entre les diffé-
« rentes espèces de philosophies. Celles
« qui dirigent l'âme vers des contempla-
« tions sublimes, fussent-elles un peu su-
« perstitieuses, comme celles de Pytha-
« gore et de Platon, sont les plus salutai-
« res... Je placerais ensuite celles dont
« l'étude embrassant la nature donne des
« idées grandes, élevées sur l'infini, sur les
« astres, sur les merveilles de l'univers,
« sur les vertus héroïques, et sur d'autres
« sujets de ce genre : telles étaient celles
« de Démocrite, de Philolaüs, de Xéno-
« phane, des Stoïciens et des anciens As-
« tronomes. Je dois citer encore celles qui,
« moins profondes, au lieu d'exiger des
« recherches difficiles, semblent destinées
« seulement à plaire à l'esprit, et dont les
« sectateurs, s'éloignant peu des opinions

5

« vulgaires, se contentaient de soutenir
« paisiblement le pour et le contre : telle
« était la philosophie de Carnéade et des
« Académiciens, auxquels on peut joindre
« les Grammairiens et les Rhéteurs. Mais
« celles qui ne roulent que sur de pénibles
« subtilités, qui sont affirmatives, dogma-
« tiques, tranchantes, qui contournent tous
« les faits et toutes les opinions, pour les
« ramener et les ajuster à certains prin-
« cipes fixes et à certaines mesures inva-
« riables ; enfin, qui sont épineuses et
« arides, étroites et contentieuses ; celles-
« là sont funestes, et ne peuvent qu'abréger
« la vie de ceux qui les cultivent : de ce
« genre étaient la philosophie des Péri-
« patéticiens et celle des Scolastiques [1]. »

Les passions tumultueuses et les soucis
rongeurs sont deux sources de maux que
la sagesse éloigne. Une autre encore est
cette faiblesse d'esprit qui rend débiles,
souffrants, ceux qu'elle inquiète sur leur
santé. En s'imaginant qu'on est malade, on

[1] *De l'Art de prolonger la vie*, par Huffeland.

le devient; et la persuasion qu'on ne le sera point est un puissant préservatif.

J'ignore où s'arrête l'influence du moral sur le physique; elle est évidemment prodigieuse. Un commerçant reçoit de l'Inde une lettre qui lui annonce la perte de sa fortune; sa tête s'exalte, s'égare, ses jours sont en danger : nulle contagion n'a cependant atteint ce malheureux; sa pensée a détruit ses forces en un instant. On a vu des hommes, d'un esprit faible et borné, tomber malades, parce qu'on s'était fait un jeu cruel de leur persuader qu'ils avaient les symptômes d'une maladie grave. Puisque l'imagination peut bouleverser nos forces physiques, pourquoi ne pourrait-elle, dans certains cas, les rétablir? Beaucoup de faits prouvent qu'on peut en un instant recouvrer des facultés perdues dès longtemps, si une cause puissante vient opérer une révolution salutaire. Pendant le siège de Lyon, lorsque les bombes tombèrent sur l'hôpital, des paralytiques épouvantés se levèrent et s'enfuirent.

Le magnétisme fut, comme l'a dit Bailly, une grande expérience sur le pouvoir de l'imagination. Au moment de sa première vogue, tandis que les uns le regardaient comme un spécifique universel, et que d'autres le croyaient sans effet, de bons esprits l'appréciaient avec justesse. Je citerai ce fragment du rapport des commissaires de l'Académie des sciences :

« Nous avons cherché, disent-ils, à con-
« naître la présence du fluide magnétique ;
« mais ce fluide échappe à tous les sens.
« On nous a déclaré que son action sur les
« corps animés était la seule preuve que
« l'on pût administrer de son existence.
« Les expériences que nous avons faites
« sur nous-mêmes nous ont fait connaître
« que, dès qu'on détourne son attention, il
« n'y a plus aucun effet. Les épreuves
« faites sur les malades nous ont appris
« que l'enfance, qui n'est pas suscepti-
« ble de prévention, n'éprouve rien ; que
« l'aliénation d'esprit s'oppose à l'action
« du magnétisme, même dans un état
« habituel de mobilité des nerfs, où cette

« action devrait être plus sensible. Les ef-
« fets qu'on attribue à un fluide que rien
« ne manifeste n'ont lieu que lorsque
« l'imagination est avertie et peut être
« frappée; l'imagination semble donc en
« être le principe. Il faut voir si on repro-
« duira ces effets par le pouvoir de l'ima-
« gination seule : nous l'avons tenté, et
« nous avons pleinement réussi. Sans tou-
« cher et sans employer aucun signe, les
« sujets qui ont cru être magnétisés ont
« senti de la douleur, de la chaleur, et une
« chaleur très grande. Sur des sujets doués
« de nerfs plus mobiles, nous avons pro-
« duit des convulsions, et ce qu'on appelle
« des crises. Nous avons vu l'imagination
« exaltée devenue assez puissante pour
« faire perdre en un instant la parole.
« Nous avons en même temps prouvé la
« nullité du magnétisme, en le mettant en
« opposition avec l'imagination. Le ma-
« gnétisme seul employé pendant trente
« minutes, n'a rien produit ; et aussitôt
« l'imagination mise en action a produit
« sur la même personne, avec les mêmes

« moyens, dans des circonstances absolu-
« ment semblables, une convulsion très
« forte et très bien caractérisée. Enfin,
« pour compléter la démonstration, pour
« achever le tableau des effets de l'imagi-
« nation, également capables d'agiter et
« de calmer, nous avons fait cesser la con-
« vulsion par le même charme qui l'avait
« produite, par le pouvoir de l'imagination.

« Ce que nous avons appris, ou du moins
« ce qui nous a été confirmé d'une manière
« démonstrative et évidente par l'examen
« des procédés du magnétisme, c'est que
« l'homme peut agir sur l'homme à tout
« moment, et presque à volonté, en frap-
« pant son imagination; c'est que les gestes
« et les signes les plus simples peuvent
« avoir les plus puissants effets, c'est que
« l'action que l'homme a sur l'imagination
« peut être réduite en art, et conduite par
« une méthode sur des sujets qui ont la
« foi. »

Jamais ces vérités n'avaient acquis autant
d'évidence; mais on savait que des guérisons peuvent être produites par le seul se-

cours de l'imagination. Ambroise Paré, Boerhaave et un grand nombre d'autres médecins, en ont cité des exemples.

Il est digne de l'attention des moralistes et des physiologistes d'examiner jusqu'à quel point on pourrait obtenir des effets salutaires en excitant l'imagination. Mais, peut-être, aurait-on bientôt à craindre un art périlleux, cette faculté mobile et vive ne se laissant jamais plus facilement émouvoir que lorsqu'on a recours aux prestiges du charlatanisme et de la superstition.

Nous possédons une autre faculté qui s'exerce sans danger, et dont la puissance est capable aussi d'opérer des prodiges. L'éducation rendant lâches la plupart des hommes, ils ignorent ce que peut une volonté forte ; elle peut nous garantir de beaucoup de maladies et hâter la guérison de celles qui nous atteignent.

Dans les épidémies, les médecins qu'effraie le danger sont presque toujours les premiers qui succombent. La crainte nous plonge dans un état de faiblesse qui nous rend plus susceptibles de recevoir les impressions funestes, tandis que la force du moral, se communiquant au physique, l'aide à repousser la contagion.

Des hommes, dont les noms paraîtraient d'un grand poids, si j'osais les citer, attribuent leurs guérisons, dans des maladies désespérées, au courage qui leur restait encore, aux efforts qu'ils ont faits pour retenir un souffle prêt à leur échapper, et pour se rattacher en quelque sorte à la vie.

Pechlin, Barthès, pensent que l'extrême désir de revoir une personne aimée peut retarder la mort. Cette idée est ravissante pour moi! Je sens avec quelle ardeur on peut souhaiter de vivre encore un jour, une heure, pour revoir un être chéri. La flamme de l'amour vient alimenter celle de la vie, la remplacer pour ainsi dire; le dernier vœu se réalise, et le plaisir consume une existence qui n'était prolongée que pour lui.

Ai-je besoin de dire qu'une volonté forte de guérir n'a point de rapport avec ce désir craintif que la plupart des malades éprouvent? Produit par la faiblesse, il accroît l'inquiétude, aggrave le danger, et l'indifférence lui serait préférable.

Certes, vous ne parviendrez pas plus à donner une volonté forte aux hommes qui vous entourent que vous ne réussirez à rendre leurs opinions sages ou leurs mœurs sévères : mais, si l'éducation nous pénétrait des avantages de la force d'âme, si dès l'enfance nous étions convaincus de son pouvoir, une volonté forte de guérir se confondrait avec le désir de vivre.

La médecine est encore si conjecturale, que la plus salutaire est, à mon avis, celle qui ne contrarie pas physiquement la nature, et qui la seconde par des moyens moraux. Peut-être même serait-il à désirer qu'on n'eût point l'ambition d'obtenir un jour des succès plus complets. Je veux croire que la médecine sera, dans quelques siècles, illustrée par d'étonnants progrès : mais, combien il faudra d'expériences ! et, pauvres humains, qui fera les frais de ces expériences ?

Indocile à l'opinion générale, j'estime beaucoup les médecins et fort peu la méde-

cine. Le corps des médecins est celui où
l on trouve le plus d'hommes d'un esprit
solide, d'une érudition variée, et, quoi
qu'en disent les mauvais plaisants, de vrais
amis de l'humanité. Mais on fait d'admi-
rables raisonnements sur les progrès futurs
de leur science, et je vois qu'elle varie
perpétuellement de principes sans jamais changer de résultat. Le système de
Boerhaave est aujourd'hui rejeté : pense-
t-on que, dans la pratique, ce docteur
était plus malheureux que ne le sont nos
professeurs? Parmi les médecins qu'on
peut actuellement [1] consulter à Paris, il en
est un qui purge à fortes doses, un autre
qui s'obstine à saigner largement, un troisième qui dit : « Il faut attendre ». Chacun
d'eux doit trouver effrayants les systèmes
de ses confrères; et je ne crois pas cependant qu'à la fin de l'année un d'eux ait
à se faire plus de reproches que les autres.

Alors même que l'agitation et la crainte
n'auraient pas le funeste effet de nous

[1] Écrit en 1811.

rendre plus accessibles aux maladies, encore faudrait-il les bannir : la peur nous fait anticiper sur l'agonie. S'il pouvait exister une cause raisonnable d'inquiétudes continuelles, ce serait sans doute une frêle constitution : mais combien d'hommes d'une faible santé survivent à ceux dont le tempérament était le plus robuste? Les calculs sur la durée de la vie sont tellement incertains, que nous pouvons toujours les faire en notre faveur.

Pour celui qui cultive une douce philosophie, la vieillesse même n'est point un sujet d'alarmes. Tous les hommes sont à peu près du même âge : à quatre-vingts ans, on est aussi sûr qu'à seize ans de voir encore le lendemain.

En général, on n'a point pour ceux qui souffrent les soins que leur situation devrait inspirer. On les aborde avec une figure triste, on est plus empressé de leur montrer qu'on s'afflige que de chercher à les distraire : aux questions multipliées qu'on leur fait sur leur santé, il semble qu'on ait peur de leur laisser oublier qu'ils sont malades.

De tous les sujets de conversations, mes douleurs sont le moins intéressant qu'on puisse trouver pour moi. Je ne veux pas que les personnes qui m'entourent s'occupent des apprêts de mon deuil, ni qu'en me parlant elles aient l'air de me demander l'heure de mon enterrement.

Éloignons les soins importuns pour vivre en paix et pour mourir tranquilles. Si l'on souffre peu, il faut réunir ses amis, se distraire, tromper la douleur qui est en soi par les plaisirs dont on s'environne. Si l'on ressent des souffrances aiguës, il faut rassembler ses forces, rester seul ; on guérit ou l'on meurt, et toujours la plainte est inutile.

En nous armant de courage pour supporter nos maux, conservons notre sensibilité pour les douleurs des autres. C'est parmi les malades que se trouvent les infortunés dignes de la plus profonde pitié. Il en est dont l'unique perspective est la mort, précédée de tortures cruelles, et qui souffrent moins encore pour eux que pour une famille en pleurs, qu'ils vont laisser sans appui. Ah ! pendant le peu de jours qui leur restent à passer sur la terre, combien ne doit-on pas s'empresser d'apaiser leurs douleurs, de calmer leurs alarmes, de ranimer leurs faibles espérances ! Béni soit l'être bienfaisant qui rappelle encore une fois le sourire sur des lèvres mourantes !

VII. — DE L'AISANCE.

De prétendus sages au ton sentencieux nous annoncent que la vertu doit être l'unique objet de nos désirs, qu'affermi par elle on supporte sans peine les privations et la misère. Inutiles moralistes ! croirai-je à des principes que l'expérience dément tous les jours ?

Il agit avec sagesse celui qui, sans ambition, examine quelle fortune lui serait nécessaire pour jouir de l'aisance et cherche à l'acquérir. Mais, quand il la possède, s'il veut l'accroître, s'il fait un pas au delà du terme qu'il a fixé, le jour où, plus raisonnable, il ne voulait qu'être heureux, sacrifiant le bonheur, il l'échange contre un moyen fort incertain d'acheter des plaisirs.

L'aisance est inutile à ceux qui l'ont reçue : victimes de la folie commune, ils perdent à s'enrichir le temps qu'ils devraient employer à jouir. Partout on voit des spéculateurs habiles, rarement trouve-t-on des hommes qui sachent user en épicurien d'une fortune médiocre; ce n'est pas l'art d'acquérir, c'est l'art de dépenser qu'il faudrait nous apprendre.

Notre but dans la vie doit être le bonheur. Idée trop simple, qu'on dédaigne ou qu'on oublie ! A voir tant de gens s'agiter, on croirait que l'homme fut placé sur la terre, non pour être heureux, mais pour devenir opulent.

Eh ! pourquoi tant de soucis et de peines? ce personnage, dit-on avec emphase, a cinq cent mille livres de rente ! Dans sa position rare, brillante, enviée, s'il ne végète pas sous le poids de l'ennui, je le tiens pour un homme d'un mérite étonnant.

On peut diviser les riches en deux classes : les uns veillent à l'administration de leurs biens, les autres ne songent qu'à dissiper leurs revenus.

Comment détaillerais-je les soins et les ennuis qu'entraîne l'administration d'une grande fortune? On cesse de discuter avec ses fermiers, pour réprimander des ouvriers, que l'on quitte pour disserter avec des procureurs. Jamais un ami du plaisir n'accepterait une fortune immense, à charge de l'administrer lui-même. Viens, honnête agent, fais mes affaires et les tiennes; je ne saurais trop acheter le repos et l'indépendance. Qu'on m'enlève une partie de mes richesses, et que je puisse disposer en paix des débris que m'auront laissés les fléaux du ciel et les soins de mon intendant!

Assurément, l'homme qui se voue à des travaux lucratifs n'est pas accablé d'ennuis perpétuels. Ce banquier respire lorsqu'il a pâli sur ses livres de compte; le succès d'une opération l'enchante, et lui fait oublier ses alarmes, ses fatigues et son esclavage. Mais celui qui veut saisir dans la vie le plus d'instants heureux qu'il est possible, et qui voit combien cet homme laisse échapper de plaisirs, refuserait sa fortune au prix dont il la paie.

D'autres riches, ai-je dit, ne songent qu'à dépenser. C'est bien pis encore : le travail laisse aux premiers quelques intervalles, l'oisiveté n'en laisse point à ceux-ci.

Quelques-uns sont victimes d'une éducation ridicule. Autrefois, surtout, on voyait des hommes qui, fatigués d'amusements frivoles et sans ressource en eux-mêmes, tombaient dans cette situation désolante où l'on ne sait pas même désirer. Dès leur enfance, on avait prévenu leurs moindres souhaits : parents faibles, instituteurs dociles, valets avides, c'était à qui s'empresserait de blaser leur goût et de les hébéter de plaisirs.

Je suppose le fils du riche élevé avec autant de soin que s'il n'eût pas fallu lui plaire. Le sort le place dans une étrange alternative. S'il résiste à ses désirs, que tout excite et favorise, quelles luttes pénibles ! et, s'il leur cède, quel ressort conservera son âme ? Il ne résistera point : tant d'amis le lui conseillent ! La cause du pré-

sent contre l'avenir trouve en nous un si
puissant défenseur ! Enfin ! les plaisirs des
sens ont ce dangereux avantage, que, sans
les avoir goûtés, on sait qu'on leur devra
des émotions vives, au lieu qu'on n'est certain que les plaisirs d'un ordre élevé ont un
charme indicible qu'après en avoir fait
l'heureuse expérience. Ainsi tout prépare
aux hommes opulents la triste satiété : dégoût moral, ennui sans fin, seule souffrance
de la vie que n'adoucisse pas l'espérance.

Vous voyez quelquefois au théâtre des
hommes qui, dans le fond de leurs loges,
sommeillent, et ne donnent signe d'existence que par de longs bâillements : ce
sont des riches. Cherchez des yeux les
spectateurs qu'agite le plus vif enthousiasme,
vos regards s'arrêteront sur quelques jeunes gens studieux qui, pendant huit jours,
économisent pour aller un soir au parterre.

C'est dans un petit ménage, bien dirigé,
que tous les plaisirs sont vifs, parce qu'on
ne les obtient qu'avec de l'ordre et des soins.
On projette une fête, on veut réunir ses
amis, on veut passer toute une journée avec

eux. De légères économies sont nécessaires pour subvenir aux modiques frais de la réunion, on calcule à quelle époque elle peut avoir lieu, et l'on fait les invitations d'avance. Quand l'intervalle qui nous sépare du plaisir n'est pas trop long, cet intervalle même a des charmes.

Jean-Jacques parle de soupers délicieux qu'il faisait avec Condillac. Tous deux étaient pauvres, ils ne dépensaient que quinze sous par tête; mais la conversation prolongeait le frugal repas, et des heures enchanteresses s'écoulaient avec rapidité. Le génie, les vastes connaissances, ne sont pas nécessaires pour jouir de soirées aussi douces; l'amitié et l'amour des lettres suffisent.

Dans un ménage où l'aisance est modeste, ceux qui le composent se quittent rarement; c'est pour eux que semblent créés tous les plaisirs qu'on trouve au sein d'une famille aimée. Donnez-leur des richesses; sans qu'elles changent leurs cœurs, ils goûteront moins ces plaisirs. Des devoirs et des amusements nouveaux enlè-

veront une partie du temps qu'ils leur con-
sacraient. Plus répandus dans la société,
ils seront moins ensemble ; recevant plus
de monde, ils verront moins leurs amis.
Transportés dans une sphère nouvelle, où
mille objets de comparaison éveillent les
désirs, peut-être connaîtront-ils pour la
première fois les privations et les regrets.

En général, les femmes, les jeunes gens,
ne peuvent goûter les avantages que leur
offre une situation douce, mais peu brillante, qu'en évitant de comparer leur sort
axec celui des personnes que la fortune
favorise. Il faut porter dans le monde une
haute philosophie, ou ne quitter jamais
sa retraite. Celui-là même dont la raison
exercée, le noble caractère, assurent l'indépendance, peut être un moment étourdi
par l'éclat et je ne sais quel bruit dont l'o-
pulence est accompagnée. Mais, remontant
aux causes d'un trouble dont il rougit,
bientôt il le dissipe ; bientôt il accroît le
sentiment de son bonheur, en portant autour de lui ses regards. Il éprouve un
légitime orgueil en se disant, au milieu

d'une foule brillante : Que de soucis et de regrets je me suis épargnés ! Que de futilités dont je n'ai pas besoin !

L'opulence, s'écrie-t-on, l'opulence a du moins cet avantage qu'elle attire la considération. Ah ! sans doute, beaucoup de gens calculent sur vos richesses l'estime qu'ils vous doivent ; on ne leur persuadera jamais que le mérite va souvent à pied, et que la stupidité monte quelquefois en voiture ; mais un homme sensé peut-il s'informer de l'opinion que de tels sots ont de lui ?

Lorsque dans un cercle, où l'on étale à l'envi l'opulence, vous éprouvez quelque honte en vous apercevant que la simplicité de votre habit est remarquée, demandez-vous si vous changeriez avec ceux qui vous entourent, de genre de vie, de caractère, de talents, et reprenez la fierté qui sied à l'honnête homme.

Se contenter d'une fortune médiocre es la meilleure preuve de philosophie ; toutes les autres me semblent douteuses. Celui qui sait vivre de peu donne seul une haute

garantie de la probité et du courage qu'il
saurait conserver dans les situations difficiles. Celui-là seul a mis, autant qu'il est
possible, sa vertu, son repos, son bonheur,
à l'abri des vicissitudes du sort et des caprices de ses semblables.

Il est des instants où le désir des richesses pénètre dans la retraite du sage;
non avec le puéril et dangereux projet d'é-
blouir les hommes, mais avec la séduisante
espérance de leur être utile. Quand l'imagination crée de riantes chimères, on pense
quelquefois aux richesses; et l'emploi
qu'on en fait, dans ses rêves, les rend
dignes d'envie. Quel vaste champ est ou-
vert à ceux qui les possèdent! Ils peuvent
hâter les progrès des sciences et concourir
à la gloire des lettres. Qu'ils offrent un
appui aux jeunes gens dont les premiers
essais annoncent des dispositions heureuses,
et dont le caractère, peu propre à réussir,
se compose d'indépendance et de timidité.
Qu'ils s'honorent en prenant soin d'embellir la retraite du vieillard qui consacra sa
vie à l'étude, et qui négligea la fortune

pour enrichir les hommes de quelques découvertes. Ils peuvent, sans même accroître leurs dépenses, donner aux arts une
noble impulsion; un groupe qui perpétue le
souvenir d'une action héroïque ne coûte
pas plus qu'un groupe insignifiant de fau-
nes et de bacchantes. Une carrière plus
belle encore est ouverte à l'opulence. De
combien de vices et de pleurs il est en son
pouvoir de tarir la source! Ah! le riche,
pour être heureux, n'a besoin que de vouloir le devenir; il peut faire immortaliser
son nom par les arts, et, ce qui vaut mieux,
le faire bénir par les infortunés. De tels
plaisirs sont durables, et l'on doit se ranimer encore pour les goûter, même après
s'être lassé de tous les autres.

Qu'un rêve séduisant ne nous laisse cependant au réveil aucun désir ambitieux.
C'est dans la sphère où l'on est placé par le
sort qu'il faut chercher les moyens d'être
utile; et, s'il en est qui n'appartiennent
qu'à l'opulence, il en est aussi que la médiocrité fait mieux découvrir. Peut-être, en
nous donnant des richesses, ne réaliserait-

on que la moitié du songe. Il semble, dit
Platon, que l'or et la vertu soient placés
des deux côtés d'une balance, et qu'on ne
puisse ajouter au poids du premier sans
que l'autre devienne au même instant plus
léger.

VIII. — DE L'OPINION ET DE L'AFFECTION DES HOMMES.

En suivant la route où se presse et s'a-
gite la foule, on s'éloigne du bonheur, puisque la plupart des hommes se plaignent de
leur sort. Si l'on choisit un sentier différent, on ne peut se dérober aux traits de la
censure, puisque la multitude suppose
qu'on s'égare. C'est donc une insigne folie
que d'espérer à la fois le bonheur et l'ap-
probation des hommes.

Parmi les obstacles qui s'opposent à notre repos, le plus grand est un fatal besoin
d'occuper les autres de nous. Enfants inquiets, toujours séduits par l'apparence,
c'est peu que d'exister dans une situation
heureuse, nous voulons qu'elle excite l'en-

vie ; le bonheur ignoré semble n'être plus le bonheur.

Il y a les victimes et les dupes de l'opinion. Ceux que dévore la fièvre de l'intrigue, ceux qui pour briller dissipent leur fortune, sont de misérables victimes. Les dupes sont ces gens qui s'ennuient par air les trois quarts de leur vie, qui vous disent : Ces visites, ces cérémonies, ces veilles, sont fatigantes ; mais il faut voir la bonne compagnie. Eh ! messieurs, pourquoi ne voyez-vous pas la meilleure ?

Une vérité qu'il faudrait présenter sous mille formes à la jeunesse, c'est que le bonheur exige du courage. Tel homme a des qualités estimables, une famille intéressante, des amis éprouvés, une fortune égale à ses besoins ; son sort vous paraît doux : que le public en juge différemment [1] ! Cet homme, dit le public, a de l'intelligence ; pourquoi n'a-t-il pas augmenté sa fortune ? Il pouvait se distinguer, pourquoi n'a-t-il pas sollicité telle place ? Il se pique d'une

[1] *Le public !* disait Chamfort, *le public ! combien faut-il de sots pour faire un public ?*

originalité ridicule, ou plutôt nous le jugions trop favorablement ; et, puisqu'il est sans crédit, c'est qu'il ne peut en obtenir. Si cet homme n'a pas de courage, plaignez-le ; ils finiront par le rendre honteux de son bonheur.

Entendre déraisonner la multitude n'est pas ce qui m'étonne. Que des sots, infatués d'eux-mêmes, tiennent de sots discours avec assurance, rien n'est plus naturel ; mais qu'ils parviennent à diriger des gens d'esprit, voilà ce que j'admire.

Bizarre contradiction! On juge ses idées avec complaisance, on prononce sur celles des autres avec sévérité ; et chaque jour on sacrifie des principes qu'on estime à la peur d'être blâmé par des gens qu'on méprise.

A l'instant où j'échappe au joug de l'opinion, quel horizon vaste et serein se développe à mes yeux! Les plaisirs de la vanité s'enfuient, j'acquiers ceux du repos et de l'indépendance. De combien d'heures je vois s'accroître mes journées! Je n'en sacrifierai plus au désir inquiet de conserver un protecteur, d'éclipser des rivaux; je n'en donnerai plus à la triste étiquette; c'est pour moi désormais que je prolongerai d'agréables veilles. Les caprices des hommes ont perdu sur moi leur empire. Pauvre, j'ignorerai les douleurs qu'excitent la raillerie déchirante et l'accablant mépris: riche, d'oisifs importuns n'ordonneront point mes dépenses, et l'heureux choix de mes plaisirs multipliera mes richesses.

Les hommes se présentent au sage sous deux rapports opposés. Réclament-ils un service, le plus tendre intérêt l'émeut. Veulent-ils le diriger, un profond dédain est le sentiment qu'il éprouve.

Celui dont la raison est exercée, dont l'âme est courageuse, ne marche point sur la foi d'un guide incertain et faible, qui lui-même aurait besoin d'être conduit. L'opinion! docile à ses lois bizarres, esclave de ses impérieux caprices, approuvez-la toujours, et vous serez enfin condamné par elle.

J'entends les hypocrites m'accuser; j'entends des hommes faibles demander s'il

n'est point dangereux de prêcher ainsi le
mépris de l'opinion. En ne suivant qu'une
partie des idées que j'énonce, on pourra
s'égarer; mais aura-t-on adopté mes principes? Un médecin avait choisi deux sortes
de plantes pour en tirer un breuvage salutaire; le malade exprima le suc d'une
seule, le prit et fut empoisonné.

Bannissons la timidité qui conduit au
mensonge, et, pour servir la morale, soyons
fidèles à la vérité. Le méchant et le sage
brisent tous deux le joug de l'opinion, l'un
pour faire plus mal, l'autre pour faire mieux
que le commun des hommes.

Qu'un être dépravé commette moins de
fautes en cédant aux caprices de l'opinion
que s'il s'abandonnait à ses propres erreurs,
je le conçois. Il est des passions cruelles et
des vices honteux qu'elle réprouve, au
milieu même de ses égarements; mais elle
donne à la fausseté le nom de politesse, à
la lâcheté le titre de prudence. Craignez le
ridicule est sa maxime favorite; et, pour
former des hommes, il faudrait que, jusqu'au fond des cœurs, on imprimât cette

autre maxime : Ne crains que les remords !

Non, tu n'auras point à rougir de mes leçons, toi qu'une âme simple et généreuse
rend digne du bonheur ; mais suis avec
courage la route que je trace. En brisant
les chaînes de l'opinion, fuis le joug plus
honteux qu'imposent les passions. En mé-
prisant la multitude, redoute ces funestes
instituteurs qui traitent la morale de fable
populaire et prétendent à l'honneur de
dissiper nos préjugés. Consulte les hommes instruits par les leçons des sages et de
l'expérience ; consulte ceux auxquels tu
voudrais ressembler : ils t'apprendront
surtout à descendre en toi-même. Interro-
gée de bonne foi, la conscience nous éclaire.
Dans le tumulte de nos vices, malgré nous
elle se fait entendre, et, si nos passions
l'altèrent, après l'orage elle fait reparaître
encore la vérité : ainsi le fleuve, troublé par
la tempête, aussitôt qu'il se calme, réfléchit de nouveau l'azur du ciel et la verdure
de ses rives.

Oh ! chez un peuple formé par de sages
lois, où la droiture régnerait dans les ac-

tions et la franchise dans les discours, il faudrait écouter la voix de l'opinion dans un religieux silence, et suivre ses arrêts comme ceux de la Divinité même. Phocion demandait quelle sottise il avait dite, quand les Athéniens l'applaudissaient. Heureux le pays où cette question serait une plaisanterie coupable, où je devrais déchirer une partie de ce chapitre!

J'ignore si je ne serai point accusé de contradiction. A peine je conçois qu'en cherchant le bonheur on soit approuvé par la multitude; j'ai dit quel dédain doit inspirer l'opinion, et je sens cependant qu'il serait doux d'être aimé des hommes. On reçoit leurs services, on leur doit de connaître le plaisir d'obliger; on partage souvent les faiblesses qu'on leur reproche. Des rapports multipliés avec eux font souhaiter leur affection; elle n'est pas nécessaire pour être heureux, mais elle donnerait au bonheur un charme plus vif.

Puissions-nous, en suivant la route qu'indique la sagesse, obtenir l'estime et goûter même les délices d'un sentiment plus doux, plus précieux encore! L'amitié est à l'estime ce qu'une fleur est à la tige qui la soutient.

Mais je ne penserai jamais qu'on doive s'asservir aux caprices de l'opinion. Il faut d'abord être content de soi; et, s'il se peut, contenter les autres ensuite. Pour mériter l'affection, je n'aperçois que deux moyens : aimer les hommes et cultiver les vertus qui qui répandent des charmes sur leur vie.

IX. — DU SENTIMENT QUE LES HOMMES DOIVENT INSPIRER.

Il n'y a point de misanthrope : les hommes que ce nom désigne peuvent être divisés en plusieurs classes. Dans l'une, je vois des philosophes qui, révoltés de nos vices, choqués de nos travers, les censurent avec une brusque franchise. Leur courroux naît des maux dont nous semons imprudemment notre carrière; et, s'ils nous haïssaient, tenteraient-ils de nous corriger? Une autre classe est celle de ces infortunés qui n'espèrent trouver la paix que dans la solitude. Fuyant le monde, où leur cœur fut déchiré de blessures cruelles, peut-être disent-ils qu'ils vouent à tous les hommes une haine implacable ; mais leur sensibilité les dément, et l'on apaise leur douleur si l'on réclame leurs services. Enfin, il est des gens qui cherchent à se singulariser : esprits faux, moins chagrins que bizarres, plus importuns qu'observateurs, ils nous fatigueraient de leur tendresse pour le genre humain, s'ils ne croyaient plus piquant de dire qu'ils le haïssent.

Qu'on s'indigne contre les préjugés, contre les travers et les vices ; mais comment leurs victimes auraient-elles mérité la haine ou le mépris? L'homme est bon ; tel est son premier caractère, qu'il ne peut entièrement effacer ; bon, mais séduit, égaré, malheureux, il a droit au plus tendre intérêt.

Ce n'est point que j'adopte l'erreur séduisante de ceux qui supposent que l'homme apporte en naissant la bonté ; mais, lorsqu'il arrive à la vie, la Providence dispose tout autour de lui pour le rendre bon. Une mère est le premier objet qui s'offre à sa vue; les premiers mots qu'il entend expriment l'affection la plus douce; des caresses lui inspirent ses premiers sentiments, et ses premières occupations sont des jeux.

Trop tôt, il est vrai, des objets différents l'environnent. A mesure qu'il avance dans sa carrière, le spectacle de l'injustice le frappe, bouleverse ses idées, aigrit son caractère. C'est en vain cependant que la contagion l'atteint, c'est en vain que les passions et les préjugés le dégradent; quelques traits de sa bonté première se retrouvent toujours dans son cœur.

Ces enthousiastes redoutables qui se jettent en avant des partis; qui, pour faire triompher leur cause, soufflent le feu des discordes civiles, et lèvent d'une main hardie le glaive de la proscription, ces fanatiques ne sont pas étrangers à tout sentiment humain. Souvent on les a vus aimer avec tendresse leur femme, leurs enfants, et, dans le sein de leur famille, conserver, pour ainsi dire, les goûts de l'innocence. Effroi de la société, les brigands s'honorent de quelques actes d'humanité, et les tyrans ont des jours de clémence.

Dans les grandes calamités les sentiments naturels se développent, et forment un contraste touchant avec les scènes d'horreur dont on est environné. Lorsqu'un violent incendie parcourt une ville, il n'y a plus de distinctions, plus de divisions, parmi des malheureux qu'un même effroi poursuit. Les ennemis oublient leurs haines, les riches et les pauvres confondent leurs cris; tous s'aiment et s'entr'aident. L'infortune a brisé les barrières qui les séparaient; ils se retrouvent égaux et bons.

Sur le théâtre même de la guerre, où le spectacle de la destruction excite à détruire encore, l'humanité fait souvent apercevoir ses traces. Je me souviens qu'en 1793, au siège de Mayence, les gardes avancées de l'attaque de gauche occupaient un jardin anglais, près du village de Monback. Ce jardin était bouleversé : les pas des soldats avaient changé les sentiers et les labyrinthes en larges chemins; de distance en distance, des batteries s'élevaient sur des ter-

tres autour desquels croissaient encore
quelques arbustes : les feux de nos bivouacs
détruisaient la verdure des boulingrins, et,
en avant, un kiosque à demi renversé ser-
vait de corps de garde aux Autrichiens.
Les fontaines les plus voisines se trouvaient
de leur côté, les forêts étaient du nôtre.
Pour avoir de l'eau, les Français jetaient
leurs bidons aux Autrichiens, qui allaient
les remplir et les leur rejetaient. Quand la
nuit approchait, nos soldats coupaient du
bois pour les postes ennemis, et traînaient
des fagots entre les vedettes des deux ar-
mées. Ainsi, en attendant le signal de s'entr'égorger, les gardes vivaient en paix et
faisaient des échanges semblables à ceux
que font entre elles des peuplades amies.
Ce spectacle me causait une émotion profonde, et j'ai quelquefois eu peine à retenir mes larmes en voyant les hommes encore bons sur un sol teint de sang.

Cette bonté n'est pas la seule vertu dont
quelques traces se retrouvent toujours dans
les hommes. Formée pour être généreuse
et magnanime, jamais leur âme ne perd

entièrement l'élévation qu'elle a reçue du Créateur.

Sous l'oppression, dans l'avilissement, les hommes conservent encore quelques traits de leur dignité première. Les outrages qui les humilient sont une des causes les plus fréquentes des grandes révolutions, et peut-être les tyrans courent-ils moins de dangers à répandre le sang des citoyens qu'à leur faire une insulte. Un attentat contre une femme fut le signal de la liberté de Rome. Un crime semblable entraîna la chute des successeurs de Pisistrate, qui n'avait point trouvé d'obstacle quand il renversa les lois de sa patrie. Les Suisses, les Danois, supportaient en silence les rigueurs d'un joug tyrannique : ils se soulèvent le jour où leurs oppresseurs exigent d'eux un acte avilissant d'obéissance. Dans Gênes conquise [1], un officier autrichien frappe un homme du peuple : les Génois s'indignent, courent aux armes, et chassent leurs vainqueurs.

Sous le plus violent despotisme, on voit

[1] En 1746.

quelquefois un sujet conserver des sentiments magnanimes ; et, ne pouvant leur
donner une direction plus utile, déployer,
pour servir son maître, un courage égal à
celui dont les citoyens s'honorent en ser-
vant leur patrie. Parmi les faits que je
pourrais citer, il en est un qui m'a vive-
ment frappé.

Le roi de Siam envoyait à la cour de
Portugal une ambassade composée de plusieurs mandarins et d'une suite nombreuse.
Ils firent naufrage sur les côtes d'Afrique.
Abandonnés par les Européens qui leur
servaient de guides, manquant de vivres et
d'eau, voyant chaque jour périr à leurs côtés quelques-uns de leurs compagnons, ne
sachant si les sentiers dans lesquels ils se
traînaient ne les conduiraient pas entre les
mains des Cafres, qui les auraient massa-
crés, ils souffraient, depuis trente et un
jours, tout ce que la fatigue, la faim et les
anxiétés peuvent avoir de plus horrible.
C'est dans une telle situation que leur chef
les réunit, et leur parla en ces mots : « Il
est une chose que nous devons préférer à

« tout le reste; et je ne sentirais plus mon
« malheur si mon esprit était tranquille
« sur ce qui la concerne. Vous êtes tous
« témoins du profond respect que j'ai
« toujours eu pour la lettre du grand
« roi dont nous sommes les sujets [1]. Mon
« premier soin, dans notre naufrage,
« fut de la sauver; je ne puis même attri-
« buer ma conservation qu'à la bonne for-
« tune qui accompagne toujours ce qui
« appartient à notre maître. Vous avez vu
« avec quelle circonspection je l'ai portée.
« Quand nous avons passé la nuit sur des
« montagnes, je l'ai toujours placée au
« sommet, ou du moins au-dessus de notre
« troupe. Quand nous nous sommes arrê-
« tés dans les plaines, je l'ai toujours atta-
« chée à la cime de quelque arbre. Pendant
« le chemin, je l'ai portée sur mes épaules,
« aussi longtemps que je l'ai pu; et je ne
« l'ai confiée à d'autres qu'après l'épuise-
« ment de mes forces. Dans le doute où je
« suis si je pourrai vous suivre longtemps,

[1] C'était la lettre qu'il devait présenter au roi
de Portugal.

« j'ordonne, de la part du grand roi notre
« maître, au troisième ambassadeur, qui
« en usera de même à l'égard du premier
« mandarin, s'il meurt avant lui, de pren-
« dre après ma mort les mêmes soins de
« cette auguste lettre. Si, par le dernier des
« malheurs, aucun de nous ne pouvait ar-
« river au cap de Bonne-Espérance, celui
« qui en sera chargé le dernier ne man-
« quera point de l'enterrer sur une mon-
« tagne, ou dans le lieu le plus élevé qu'il
« pourra trouver, afin qu'ayant mis ce pré-
« cieux dépôt à couvert de toute insulte il
« meure prosterné dans le même lieu, avec
« autant de respect en mourant que nous
« en devons au roi pendant notre vie. Voilà
« ce que j'avais à vous recommander. Après
« cette explication, reprenons courage ; ne
« nous séparons jamais, allons à petites
« journées : la fortune du grand roi, notre
« maître, nous protégera toujours. »

Quelle élévation dans ce discours ! Quelle
confiance et quel dévouement ! Certes, un
motif plus noble animait Léonidas et ses
compagnons ; mais, mourant pour leur pa-

trie, mourant en un instant, et vengeant leur mort dans le sang ennemi, déployèrent-ils un courage égal à celui de ces Indiens qui périssaient lentement pour leur maître dans les sables ignorés de l'Afrique?

Une preuve frappante qu'un principe d'élévation existe dans nos âmes résulte de l'universalité des idées religieuses. En vain l'homme est averti de sa faiblesse par ses infirmités, par ses erreurs et par ses fautes, une voix intérieure lui parle de ses hautes destinées. Chétive créature, il appelle des dieux à sanctifier son union, il les fait présider à la naissance de ses enfants, il les invoque sur les tombeaux de ses pères. Quand la contemplation des œuvres de l'Éternel a porté d'humbles sentiments dans son âme, il se juge encore supérieur à tous les êtres qui l'environnent, il n'occupe qu'un point sur le globe, et sa pensée embrasse l'univers; il voit le temps dévorer les objets de ses affections, briser ses monuments, bouleverser même les ouvrages de la nature, et, du milieu des ruines, il aspire à l'immortalité.

Ces sentiments élevés et bons, ces germes précieux, que ne produiraient-ils pas s'ils étaient développés avec soin? Ils existent, c'est assez pour qu'on doive un tendre intérêt à l'être qui les possède : aimons nos semblables, et cultivons les vertus qui rendent dignes de leur affection.

X. — DE QUELQUES VERTUS.

Dans nos relations avec la société, une des vertus les plus utiles est l'indulgence. Se montrer sévère, c'est oublier de combien de fautes on ne fut préservé que par le hasard; c'est oublier la faiblesse des hommes et l'empire qu'exercent sur eux les objets dont ils sont entourés. Pour rendre à nos semblables une exacte justice, il faudrait connaître tous les secours et tous les obstacles qu'ils ont rencontrés : en jugeant ainsi, que d'actions célèbres deviendraient moins étonnantes, et que de fautes on se reprocherait d'avoir jugées avec trop de rigueur!

C'est de l'indulgence qu'on apprend l'heureux secret d'être bien avec soi-même et bien avec les hommes. Quelques-uns portent dans le monde une hostile franchise : on les redoute, et les contrariétés qu'ils éprouvent accroissent chaque jour leur brusquerie fatigante et leur rudesse importune. D'autres, ne rougissant d'aucune complaisance, souples et faux, sourient à ce qui leur déplaît, louent ce qu'ils trouvent ridicule, applaudissent ce qu'ils savent être lâche. Soyez indulgent, vous ne sacrifierez jamais l'estime de vous-même, et, loin de vous nuire, la franchise rendra votre affabilité plus aimable.

Pour assombrir la vie, il suffirait de trop arrêter ses regards sur les vices et les travers des hommes. La vertu que je préconise porte avec elle sa récompense, en nous faisant voir nos semblables tels à peu près qu'ils devraient être.

De prétendus moralistes se plaisent à blâmer l'indulgence; si nous voulons les croire, elle encourage les vices, flatte les passions, enhardit leurs désordres. N'adoptons point ces tristes idées : que notre in-

dulgence courageuse s'étende même aux
infortunés victimes de graves erreurs. Assez
d'autres prendront le soin de les accuser;
prenons pour nous celui de leur tendre une
main bienveillante. Pour ramener les esprits égarés, croyons au repentir, et portons l'espérance dans le cœur du coupable!

Nés au milieu des discordes civiles, loin
d'agir ainsi, nous ne savons pas même to-
lérer les simples opinions qui s'éloignent des
nôtres. Eh! considérons la faiblesse, l'ina-
nité de nos jugements. Vous dites : *Cet
homme pense bien;* qu'on traduise ces mots,
ils signifient : *Cet homme pense comme
moi.*

Que d'opinions imposées à la faiblesse
par le hasard ! N... sert avec activité un des
partis qui nous divisent : jamais il n'a fait
le plus léger examen des opinions entre lesquelles nous devons choisir ; il est incapable de se conduire lui-même, il ne peut que
suivre fidèlement une impulsion donnée, et
son tuteur a disposé de lui. S'il fût né dans
telle maison, voisine de la sienne, son activité servirait aujourd'hui les idées opposées

à ce qu'il appelle ses principes, qui lui sont si chers et dont il est si fier.

Dans les temps agités, on voit une multitude de faits bizarres, sans rapport ni avec les sentiments naturels ni avec le bon sens. J'ai connu deux hommes, fort liés dans leur jeunesse, mais que séparent les débats politiques : tous deux désiraient se rapprocher, et leurs vœux étaient pour qu'un ancien ami s'éclairât. Par l'effet de circonstances nouvelles, ces deux hommes changèrent presque au même instant de principes. Je m'en étonnai peu ; mais ce qui me frappa, c'est qu'aussitôt la haine s'empara de leurs âmes, et qu'ils furent irréconciliables du moment où chacun d'eux eut fait le sacrifice que l'autre demandait.

Telle idée qui d'abord nous a paru vraie nous semble aujourd'hui fausse ; et peut-être reviendrons-nous à notre premier jugement : accordons à nos adversaires le droit de se tromper, dont nous usons fréquemment pour nous-mêmes. Allons plus loin ; aimons à publier ce que nous savons être honorable dans la conduite des hommes

dont nous ne partageons pas les opinions ;
c'est un moyen de rapprocher les esprits,
de répandre des idées de justice et des sentiments de modération. Au milieu des guer-
res intestines, rappelons souvent que des
erreurs en politique, en religion, peuvent laisser subsister de grandes qualités du cœur.

Il est une qualité qui nous touche vive-
ment lorsque nous la trouvons dans nos
semblables, parce qu'elle est aussi rare que
ses effets sont utiles ; et je m'étonne que
nous n'ayons pas un mot pour la nommer.
Parcourez tous les plaisirs, le plus doux est
celui d'obliger : souvent il ne reste rien des
services qu'on a reçus ; il reste toujours
quelque chose de ceux qu'on a rendus.

Mais, les ingrats ! On nous annonce qu'ils
couvrent la terre, on nous effraye de leur
nombre et de leur audace. Les hommes ont
imaginé de singuliers principes ! Ils per-
mettent qu'on exige la reconnaissance, et
veulent qu'on oublie ses propres bienfaits.
Ma manière de voir est absolument diffé-
rente : je pense qu'on a tort d'espérer la
reconnaissance, puisqu'on sera presque

toujours trompé ; et j'approuverais, au contraire, celui qui tiendrait une note exacte
de ses bonnes actions. En la lisant, il goû-
terait une récompense légitime sans doute,
et quelle lecture lui serait plus utile? Se
souvenir qu'on a toujours été bon, c'est
s'engager à l'être encore.

On se plaît à répéter qu'il faut un sublime effort pour obliger ses ennemis: quel
effort est donc nécessaire pour goûter un
plaisir très vif, et, en général, difficile à se
procurer? Des hommes, plus zélés qu'éclairés, ont prétendu que la morale évangéli-
que est la seule qui prescrive de rendre le
bien pour le mal. Ils ont commis deux fautes: l'une, c'est d'énoncer une erreur, l'autre, c'est d'éloigner de la vertu qu'ils prê-
chaient, en faisant supposer qu'elle exige des
forces plus qu'humaines. Je présume qu'on
ne lira pas sans intérêt le morceau suivant :

« La vérité de notre divine religion est
« assez fortement établie pour n'avoir pas
« besoin de l'appui que veulent lui prêter
« certaines personnes, en affirmant que les
« plus sages et les plus éclairés des hommes

« antérieurement au christianisme, avaient
« ignoré ces deux maximes fondamentales :
« *Fais aux autres ce que tu voudrais qui te fût*
« *fait à toi-même, et rends le bien pour le mal.*

« La première de ces maximes est im-
« plicitement dans un discours de Lysias ;
« elle est énoncée d'une manière expresse
« dans Thalès et Pittacus, et je l'ai trouvée
« mot à mot dans l'original de Confucius.
« S'il arrivait que des missionnaires entre-
« prissent dans l'Indoustan, la conversion
« des Pandits et des Maulavis, il faudrait que
« ces missionnaires se gardassent d'avan-
« cer des assertions dont les Pandits et les
« Maulavis pourraient démontrer la fausseté.
« Les premiers leur citeraient ce beau pas-
« sage de l'*A'rya*, écrit plus de trois cents ans
« avant notre ère, et dont le sens est que le
« devoir d'un homme bon, même à l'instant
« de sa mort, consiste non seulement à par-
« donner à celui qui lui ôte la vie, mais encore
« à lui souhaiter du bien, *semblable à l'arbre*
« *de sandal, qui, dans le moment où il est abat-*
« *tu, couvre de parfums la hache qui le frappe.*
« Les Maulavis triompheraient des mission-

« naires en leur récitant les vers de Sâdi,
« où l'action de rendre le bien pour le bien
« est qualifiée de retour facile et peu méri-
« toire, et où il est dit que l'homme ver-
« tueux fait du bien à celui qui l'a offensé.
« Ces vers ne sont que la répitition d'une
« maxime des Arabes, et, selon toute appa-
« rence, des anciens Arabes. Les musul-
« mans ne manqueraient pas de citer les
« quatre distiques de Hafiz, où la même
« maxime se trouve développée sous des
« images bizarres, mais ingénieuses : *Ap-*
« *prends de la coquille des mers de l'Orient à*
« *aimer ton ennemi, et à remplir de perles la*
« *main tendue pour te nuire. Ne sois pas*
« *moins généreux que le dur rocher : fais*
« *resplendir de pierres précieuses le bras qui*
« *déchire tes flancs. Vois-tu cet arbre assailli*
« *d'un nuage de cailloux? il ne laisse tomber*
« *sur ceux qui les lancent que des fruits déli-*
« *cieux ou des fleurs parfumées. La voix de la*
« *nature entière nous crie : L'homme sera-t-il*
« *le seul à refuser de guérir la main qui s'est*
« *blessée en le frappant, de bénir celui qui*
« *l'outrage?* »

Si telles sont nos obligations, quels devoirs n'avons-nous pas à remplir envers les hommes qui s'empressèrent de nous être utiles, de prévenir nos dangers ou de réparer nos malheurs? Cherchons sans cesse à nous acquitter, et ne croyons jamais avoir atteint le but de nos efforts : la reconnaissance prolonge le plaisir que le bienfait a causé.

L'indulgence et le désir d'obliger, voilà les deux premiers moyens de nous concilier l'affection de nos semblables. Une vertu qui commande au moins leur estime, c'est la loyauté. Non seulement un homme loyal est fidèle à ses engagements, et nulle promesse n'est légère pour lui ; mais la droiture se fait sentir dans toutes ses actions, la franchise dans toutes ses paroles. S'il commet des fautes, prompt à les reconnaître, il les avoue sans faste, et ne songe pas plus à les exagérer qu'à les affaiblir. Dans les intérêts qui lui sont communs avec d'autres personnes, il décide pour la justice, et ne croit jamais se nuire en prononçant ainsi, le premier des biens étant à ses yeux l'estime de

soi-même. Sans me rendre de service posi-
tif, il m'oblige; il me procure un des plaisirs les plus vifs dont je puisse jouir, celui
de contempler un noble caractère.

Parmi les vertus qui doivent attirer la
bienveillance, donnons à la modestie un
rang éminent. L'homme simple et modeste
vit ignoré, jusqu'au moment où des circonstances qu'il ne prévoyait pas révèlent
ses qualités estimables, ses actions généreuses : on l'a comparé souvent à ces fleurs
qui, nées sur d'humbles tiges, échappent à
la vue, et que leur parfum seul fait découvrir. L'orgueil attire promptement les regards; mais qui fait toujours son éloge
dispense de le louer jamais. Un jour l'homme
modeste, sortant de son obscurité passagère, obtiendra ces douces louanges que
le cœur prodigue sans effort. Sa supériorité, loin d'être importune, paraîtra séduisante : la modestie donne aux talents, aux
vertus, un charme pareil à celui que la pudeur ajoute à la beauté.

Ne portons dans le monde ni curiosité ni
indiscrétion. La curiosité est le défaut d'un

8

petit esprit qui, ne sachant pas s'occuper, a besoin de s'amuser des occupations des autres. Relative à des objets minutieux, elle est ridicule; dans les affaires importantes, elle devient odieuse. Ne cherchons à connaître que les débats et les chagrins qu'il est en notre pouvoir d'apaiser.

Une qualité si précieuse qu'à mes yeux elle devient une vertu, c'est la douce et constante égalité d'humeur. Elle exige non seulement une âme pure, mais encore une force d'esprit qui résiste aux contrariétés légères ou graves que produit tous les jours une multitude de causes. Quel attrait elle donne à la société de l'homme qui la possède! Comment ne pas aimer celui qu'on est certain de trouver toujours avec la sérénité sur le front et le sourire sur les lèvres?

Mais, si je m'abusais, si je traçais une vaine théorie! Qu'un de nos brillants observateurs parcoure ce chapitre, il me dira : Vous ressemblez à ces philosophes qui créent des plans de république, sans considérer les passions des hommes ni l'état de la société; mille fois plus déraisonnables que les romanciers qui, du moins, nous donnent leurs rêves pour des rêves. Quelle pitié vos maximes sur l'indulgence exciteraient dans le monde! Soyons habiles à saisir les défauts, à juger les faiblesses des hommes, afin de subjuguer ceux qui peuvent nous servir, et de livrer au ridicule ceux qui ne peuvent que nous amuser. Exprimez le désir d'obliger, prononcez avec grâce des phrases sentimentales, faites des dupes, et gardez-vous de le devenir en pratiquant vos maximes : le crédit n'est pas un revenu, c'est une somme qui s'épuise à mesure qu'on la dépense. Faut-il être modeste, lorsque tant d'exemples prouvent que les talents sont peu de chose, si l'on n'y joint l'heureux talent de les faire valoir? L'homme qui parle de lui-même avec modestie est cru sur sa parole; et, quand je cherche les causes de l'admiration qu'obtiennent certains personnages, je ne puis en trouver d'autres que la longue obstination et l'intrépidité qu'ils ont mises à se louer eux-mêmes. Il en est des éloges qu'on se donne ainsi que des calomnies qu'on es-

suie; quelques traces en restent toujours.
Enfin, l'opinion seule rend nos qualités estimables; et celui qui, pour réussir, s'obsti-
nerait à cultiver les fades vertus que vous
célébrez, serait aussi ridicule que s'il paraissait dans le monde avec le costume
qu'on portait au siècle de Henri II.

Peut-être de tels principes conduisent-ils
au but vers lequel se dirigent la plupart des
hommes : que m'importe? ils éloignent du
mien. Si l'intérêt que nous inspirent nos
semblables, si quelques vertus ne peuvent
nous garantir de leur injustice, dédaignons
l'opinion, et, laissant le vulgaire, ne lui
permettons pas de troubler notre bonheur.
Parmi les biens essentiels, j'ai compté l'at-
tachement de quelques personnes, mais
non l'affection des hommes.

XI. — DU MARIAGE.

Puisqu'on ne peut s'assurer de l'affection
ni même de la justice des hommes, il faut,
au milieu de ce monde vulgaire, parvenir à
se créer un monde au gré de sa raison. Ou-

blions, dans une douce retraite, les chimères que la foule poursuit; et, si les hommes s'en étonnent, que leurs murmures soient pour nous ce que le bruit lointain des flots est pour le voyageur, quand, sous l'abri du toit hospitalier, il n'a plus à redouter l'orage.

C'est d'une famille que doit se composer d'abord le nouvel univers. Une femme est le meilleur ami que nous destine la nature; celui-là reste quand la fortune a dispersé tous les autres. Combien d'hommes, rappelés à l'espérance par le dévouement d'une sage et vigilante compagne, ont dit avec l'effusion d'un cœur reconnaissant : Je m'égarais entraîné par de vaines illusions; mais ton amour m'a sauvé; c'est par lui que nos beaux jours renaissent : jouis de ton ouvrage! Mais voulons-nous connaître jusqu'où peut s'élever l'héroïsme d'une femme? supposons son époux au dernier degré du malheur : il est coupable, rejeté de la société; le repentir n'a pu voiler ses fautes. Seule, elle ne l'abandonne point, et lui prodigue des consolations. Embrassant des devoirs aussi grands que ses revers, elle va partager la captivité ou l'exil de celui qui l'a privée du bonheur : il trouve encore, sur le sein de l'innocence, un refuge où ses remords s'apaisent ; comme autrefois les proscrits au pied des autels un asile contre la fureur des hommes.

Le mariage est, en général, un moyen d'accroître son crédit, sa fortune, et d'assurer ses succès dans le monde : qu'il soit pour nous un moyen de vivre heureux loin du monde.

Je voudrais que de bonne heure on eût assez de raison et d'expérience pour choisir la jeune fille dont un jour on deviendra l'époux. Je voudrais qu'épris de ses qualités naissantes, désirant son bonheur, obtenant sa tendresse, on se plût à l'élever soi-même.

Son jeune caractère appelle vos premiers soins. La femme, en naissant, reçoit d'heureux dons qui souvent tempèrent nos défauts : elle corrige notre sévérité par sa douceur, notre impétuosité par sa patience, notre orgueil par sa modestie, quelquefois par sa légèreté ; ses grâces nous éloignent de la triste pédanterie, et ses exemples touchants nous rappellent aux vertus paisibles et douces. Il suffit, pour former le caractère d'une femme, de développer les qualités qu'elle doit à la nature ; et pour toujours on lui rend chères ses qualités aimables, si l'on réussit à lui faire considérer des mêmes yeux que soi les plaisirs du monde, leurs dangers et leur charme éphémère.

Cultivez la raison plus que l'esprit de votre jeune élève : elle doit un jour, modeste, aimable et respectée, gouverner sa maison, diriger sa famille ; que les romans et la métaphysique ne rendent pas à ses yeux de tels soins importuns et vulgaires. Il ne peuvent exiger tous les instants. Quelques heures s'écoulent dans des réunions peu nombreuses qu'animent la gaieté, l'amitié, la franchise et les plaisirs inexplicables qui naissent du plaisir d'être ensemble. Il est aussi des amusements frivoles que les femmes ne doivent point négliger. J'aime à les voir, quelques moments occupées d'une toilette élégante et simple, es-

sayer ce goût enchanteur qui sert à développer leurs grâces, et, pour ainsi dire, à
varier leur beauté. Enfin, les talents agréables multiplient pour elles les moyens
d'échapper toujours à l'ennui ; mais elles
sortent d'une bibliothèque avec du pédan-
tisme sans instruction et de la coquetterie
sans amabilité. Je ne douterais point des
forces de leur esprit, que je leur dirais encore : Préférez les grâces à la science ; pour
ceindre les lauriers, il faut quitter la couronne de roses.

Quand deux époux, unis par la tendresse,
ont un bon cœur et des goûts simples, tout
leur présage un riant avenir. Qu'ils vivent
loin du monde, qu'ils existent pour eux,
qu'ils cachent leur bonheur, et leur vie
sera le plus heureux des songes.

On m'a dit : Peut-être parlez-vous de
votre mariage ; mais vous ne peignez point
le mariage. Tandis que vous placez le bonheur dans la maison, les peines au dehors,
que de gens trouvent chez eux des ennuis
sans fin et ne saisissent des plaisirs qu'en
fuyant leur demeure ! *Il y a peu de femmes*

si parfaites, dit la Bruyère, *qu'elles empê-
chent un mari de se repentir, du moins une
fois le jour, d'avoir une femme, ou de trouver
heureux celui qui n'en a point.*

Cette phrase n'est pas une observation,
c'est une épigramme. Les bons ménages
sont moins rares qu'on ne se l'imagine,
quand on se borne à considérer le petit
cercle que bien des gens ont la niaiserie
d'appeler le monde. Ensuite il serait injuste de compter parmi les unions malheureuses toutes celles qui ne sont pas exemptes
d'orages passagers. Non seulement la félicité parfaite est chimérique, mais on rencontre des gens qui s'ennuieraient d'un
calme absolu, et qui pensent qu'un peu de
contrariété met de la variété dans la vie. Je
ne me soucierais nullement de leur existence; mais il est des manières d'être sin-
gulières qui, sans donner le bonheur, procurent des plaisirs. Enfin, le nombre des
mariages malheureux serait immense, que
pourrait-on en conclure? Les hommes suivent une route opposée à la mienne; il ne
faudrait s'étonner que s'ils arrivaient au

but dont j'essaye de peindre les charmes.

L'intérêt décide la plupart des parents; et, ce qui doit révolter davantage encore, des jeunes gens savent aussi calculer. Quand un homme se marie par spéculation, s'il voit sa fortune s'accroître, son rang s'élever, quelque désordre qui naisse dans sa maison, il est plus heureux encore qu'il ne le méritait. Nos mariages d'inclination garantissent aussi peu le bonheur que nos mariages d'intérêt. Je suis d'avis de n'épouser une femme qu'après avoir obtenu sa tendresse, car il serait douteux que l'amour lui fût inspiré par son mari, et il est hors de doute qu'un sentiment si naturel ne resterait pas toujours étranger à son cœur. Mais l'amour, tel qu'il passe des romans dans les mœurs du jeune âge, est une fièvre inquiétante. Des enfants ne se croient amoureux que lorsqu'ils sont en délire; ils s'imaginent que la vie est une extase perpétuelle, et les songes des amants gâtent la réalité pour les époux. J'ai supposé l'homme plus âgé que la femme à laquelle il veut unir sa destinée; je l'ai supposé formant le caractère de sa jeune compagne, et, pour ainsi dire, l'élevant lui-même ; alors un mélange de raison et d'amour leur assure, autant qu'il est possible, un heureux avenir.

L'infidélité des maris est une cause fréquente de la perte du bonheur en famille. On a très bien prouvé que la fidélité des femmes est plus importante que la nôtre, mais on parle trop légèrement de l'infidélité des hommes. C'est celle qui reste le moins ignorée. En général, un bandeau couvre les yeux des maris trompés ; ils vivent en repos, protégés par leur vanité ou par leur bonhomie. Les femmes sont ingénieuses à se tourmenter, à saisir des détails qui semblent fugitifs ; et, si l'on ajoute que nous mettons moins d'intérêt ou moins d'adresse à cacher nos actions, on jugera que notre conduite est facilement dévoilée. Ne nous abusons pas sur l'influence de nos torts. Les femmes sont disposées à croire notre infidélité aussi coupable que la leur. Elles jugent avec leur cœur plus qu'avec leur raison, et, comme il est un point où les délits se confondent et n'admettent pas de degrés entre eux, elles croient la violation de notre engagement équivalente à celle dont les suites sont cependant plus graves. Toutes n'emploient pas une vengeance aisée ; elles se vengent, au moins, par leurs reproches, leurs plaintes, leur tristesse, et le bonheur s'enfuit.

Une autre cause de désunion est l'humeur altière de quelques femmes : il en est de trop persuadées que la fidélité renferme tous leurs devoirs. Plus d'un homme, tourmenté chaque jour par un être impérieux et bizarre, se sent près, quelquefois, d'envier le sort du mari bénin qu'endorment de trompeuses caresses. De même qu'il ne suffit point, pour être un honnête homme, d'éviter les délits, on devrait réserver le nom d'honnêtes femmes à celles qui, non seulement sont chastes, mais qui savent encore, par des soins attentifs, répandre le bonheur autour d'elles.

J'ai pensé, d'abord, que l'humeur des femmes acariâtres était produite par la contrainte que nos lois sur la fidélité leur imposent. Je me trompais : plusieurs sont acariâtres et coquettes. S'il faut mépriser l'homme qui, plein d'amabilité chez les autres, devient maussade ou brusque chez lui, quel sentiment doit exciter la femme qui tyrannise impitoyablement un trop faible mari, et qui, charmante dans le monde, prodigue aux étrangers son en· jouement et ses grâces?

Des femmes d'un caractère très différent chassent aussi le bonheur de la famille. Aimées de leurs maris, qu'elles croient adorer, elles leur rendent la vie insupportable; une femme atteinte de cette aberration d'esprit est sans confiance, exigeante, jalouse, dominatrice : elle voudrait toujours tenir son esclave à la chaîne. Connaissant la crainte que son mari a de l'affliger, elle se désole à tout propos, en l'accablant de marques de tendresse. Le mari, avec plus de raison et de fermeté, en s'y prenant de bonne heure, aurait pu épargner bien des tourments à lui et à cette insensée. La maladie dont je parle est fort difficile à guérir, lorsqu'on n'a pas su dissiper ces premiers symptômes.

Je puis affirmer que des hommes très judicieux sur d'autres sujets pensent que les Orientaux ont établi dans leurs maisons la seule police raisonnable. J'ai douté longtemps qu'une pareille idée fût sérieuse. Quand l'esclavage existe dans la famille, il existe aussi dans l'État. Le despote qui fait trembler ses femmes ne prendra pas d'autres habitudes avec des êtres moins dignes de l'intéresser. Les chaînes s'étendent de proche en proche, et le despotisme domestique enfante le despotisme politique. Mais des dangers non moins réels menacent la société, aux époques de galanterie et de mollesse, où l'opinion nous prescrit la soumission envers les femmes.

L'homme doit exercer l'autorité, et la femme doit obtenir sur lui de l'influence. La force de l'homme et son aptitude à la contention d'esprit font assez connaître que la nature lui destine l'autorité. Pour l'en déposséder, il faudrait que l'être faible apprît à se livrer aux méditations politiques, à vaincre les fatigues, à manier des armes, et condamnât l'être fort aux soins paisibles du ménage. Il faudrait, en un mot, que la femme devînt homme; ce qui démontre à quel sexe appartient le pouvoir.

Mais je vois les défauts de l'homme naître, en général, de l'abus de la force, et, près de lui, je vois sa compagne douée de qualités qui peuvent tempérer ces défauts. Je désire qu'elle les adoucisse, et les moyens qu'elle a reçus pour y parvenir annoncent que telle est réellement sa destination. Pour nous captiver, la femme a ses charmes, son caractère, mélange heureux de sensibilité, de courage et de légèreté, enfin son adresse, qu'elle doit à la nature même et qu'excite la réserve constante que l'éducation lui impose. Ainsi les imperfections et les qualités des deux sexes concourent à les rapprocher; ainsi, pour leur bonheur mutuel, l'homme doit avoir l'autorité, et la femme doit exercer sur lui de l'influence.

Quand la femme ordonne, je cesse

d'apercevoir deux époux; je vois un esclave méprisable et un despote ridicule. Vainement supposerait-on ses ordres conformes à la sagesse, à la justice; ils sont absurdes, par cela même qu'ils sont des ordres. Les vertus que l'homme peut devoir à sa compagne ont du rapport avec l'amour, qui veut être inspiré et qui fuit la contrainte. Dans une seule circonstance, la femme s'honore en prenant l'autorité : c'est celle où des revers accablent son époux. Il n'est plus son appui, elle devient le sien; mais, soit qu'elle réveille en lui l'espérance, soit qu'elle le fasse rougir de recevoir l'exemple du courage, elle doit aspirer à lui rendre le rang d'où le malheur l'a fait descendre.

Une vérité peu contestable, c'est que souvent les époux s'aiment plus qu'ils ne le croient. S'ils paraissent indifférents ou près de se haïr, qu'un d'eux soit atteint d'une maladie grave, l'autre se livre à des alarmes sincères; l'habitude lui ferait regretter même les peines auxquelles il est accoutumé. Quand un mari et une femme se plaignent de leur sort, je conseillerais à

chacun d'eux, au lieu de chercher trop exclu-
sivement à corriger l'autre, de lui donner
l'exemple de la douceur et de l'indulgence.
Le mari peut n'être coupable que d'une
erreur passagère; il peut se trouver infidèle
sans être inconstant; et quel tort pour celle
qui l'accuse si ses soupçons étaient faux,
si, tourmentée par des chimères, elle seule
troublait la paix du ménage? La femme
peut avoir une humeur inégale, sans mériter moins d'être chérie. La santé des femmes
est faible; son influence sur leur caractère
est sensible; leurs torts peuvent être indé-
pendants de leur volonté. Oh! que deux
époux, avant de renoncer au bonheur qu'ils
avaient espéré et qu'ils s'étaient promis,
épuisent tous leurs soins pour le réaliser,
pour le fixer près d'eux! Le bonheur le plus
pur est celui de deux êtres qu'unissent
l'estime et l'amour. Quel tableau touchant
présentent ces lignes! « J'ai vu, pendant
« mon séjour en Angleterre, un homme du
« plus rare mérite, uni depuis vingt-cinq
« ans à une femme digne de lui. Un jour,
« en nous promenant ensemble, nous ren-

« contrâmes ce qu'on appelle en anglais
« des *gypsies*, des bohémiens errant sou-
« vent au milieu des bois, dans la situation
« la plus déplorable; je les plaignais de
« réunir ainsi tous les maux physiques de
« la nature. *Eh bien*, me dit alors M. L.,
« *si, pour passer ma vie avec elle, il avait*
« *fallu me résigner à cet état, j'aurais men-*
« *dié depuis trente ans, et nous aurions encore*
« *été bien heureux.* — *Ah ! oui*, s'écria sa
« femme : *nous aurions encore été les plus*
« *heureux des êtres* [1] *!* »

XII. — DES ENFANTS.

Un des beaux jours, et peut-être le plus
beau de la vie, est celui où la naissance
d'un enfant ouvre notre âme à des émotions qu'elle ignorait encore. Cependant,
que de tourments vont suivre cette époque!
Pourrais-je peindre l'attention inquiète
qu'on porte sur ses enfants, les angoisses
qu'excitent leurs souffrances, l'anéantisse-

[1] *De l'influence des passions*, par madame de
Staël.

ment où l'on est plongé quand on craint de les perdre? Les alarmes ne finissent pas avec leur premier âge : il en est pour tous les instants, et c'est jusqu'au dernier soupir qu'on veille d'inquiétude, occupé de leur sort.

La satisfaction qu'ils procurent est bien vive, puisqu'elle surpasse tant de peines! Nous n'avons pas besoin, pour les aimer, de songer qu'ils répondront à nos soins, qu'ils nous les rendront un jour; s'il est dans le cœur de l'homme un sentiment désintéressé, c'est l'amour paternel. Notre tendresse pour nos enfants est indépendante de la réflexion; nous les aimons parce qu'ils sont nos enfants ; leur existence fait partie de la nôtre, ou c'est plus que la nôtre. Le bonheur qu'on leur doit résulte de tout ce qui leur est utile, de tout ce qui les intéresse; il naît de leur santé, de leur gaieté, de leurs amusements; on leur sait gré de leurs plaisirs.

Le but qu'il faut se proposer, en les élevant, est de leur apprendre à jouir sagement des jours qui leur seront accordés.

Montaigne a vanté l'influence de la douceur sur l'esprit et sur les mœurs de la jeunesse ; il empruntait au bon Plutarque une partie de ses idées, qui, reproduites par Jean-Jacques, ont enfin opéré dans l'éducation un changement heureux. Que j'aime à trouver ainsi les mêmes idées énoncées, répétées, dans différents siècles, par des hommes éclairés ! C'est surtout une si noble persévérance qui rend probable quelque amélioration dans les destinées humaines.

Mais à peine un changement est-il obtenu, que des esprits superficiels ou chagrins voient seulement les inconvénients qui l'accompagnent, et voudraient, au lieu de les corriger, retourner au point d'où l'on est parti. Quelques personnes regrettent la sévérité de l'ancienne éducation, et s'imaginent qu'il est sage de faire éprouver aux enfants des contrariétés, des ennuis, afin, disent-elles, de les accoutumer aux peines de la vie. Trouveraient-elles utile de se donner des contusions, pour se préparer à souffrir celles qu'on recevra par maladresse ? Il est avantageux, dit-on, de placer l'apprentissage des douleurs à l'époque où les chagrins sont légers. Cette phrase, comme tant d'autres, est un mélange de vérité et d'erreur. Les peines de l'enfance nous semblent faciles à supporter; elles sont loin de nous, et nous n'avons plus à les craindre : mais l'enfant qui passe une année sous la férule d'un maître sévère est aussi malheureux qu'un homme privé pendant un an de sa liberté; encore ce dernier est-il moins à plaindre, puisqu'il doit trouver des forces dans sa raison et dans son caractère. Imprudents! vous voulez que des êtres, dont le sort est dans vos mains, sacrifient le présent à l'incertain avenir! Dépendra-t-il de vous de leur rendre ce que vous leur ôtez? L'instant où vous les éloignez du bonheur est peut-être le seul où ils devaient en jouir. Ah! dans le malheur affreux d'être privé de ses enfants, s'il est une consolation, c'est de pouvoir se dire : Du moins, j'ai su les rendre heureux, pendant le peu de jours qu'ils m'ont été confiés.

Il n'appartient qu'à la nature de leur envoyer des peines; notre tâche est de leur

apprendre à les adoucir. Je vois avec intérêt un enfant regretter le jouet qu'il a
brisé, ou pleurer l'oiseau qu'il élevait : la
nature lui fait essayer ainsi la douleur, et
le prépare à supporter un jour des pertes
plus amères. Sachons la seconder avec
prudence. Pour consoler cet enfant, ne
nous empressons pas de changer le cours
de ses idées fugitives, et d'effacer un chagrin par un plaisir. Il faut que son courage, que sa jeune raison s'exercent. Partageons d'abord ses regrets, faisons-lui
sentir ensuite l'inutilité des larmes; accou-
tumons-le à ne point lutter quand les efforts
seraient vains, et formons-le à porter sans
murmure le joug de la nécessité.

Loin de confondre la faiblesse avec la
douceur, j'improuve toutes les familiarités
nuisibles à la subordination. Le tutoiement,
que la mode a fait généralement adopter,
introduit entre les pères et les enfants une
égalité ridicule. Je vois avec douleur les
progrès d'un luxe dangereux. Les cadeaux,
les parures qui eussent fait autrefois le
bonheur de dix enfants, suffisent à peine

pour contenter les fantaisies d'un seul ; et les folles complaisances des pères préparent aux maris une tâche difficile à remplir. Ne désapprenons point aux enfants à trouver eux-mêmes des plaisirs : leur âge les fait naître ; et, pour qu'ils les saisissent, c'est assez que nous brisions leurs chaînes.

Il est pour eux deux sources de tourments : l'une est la politesse. Nous voulons qu'ils soient de petits personnages ; nous les astreignons à recevoir d'ennuyeux compliments, à répéter d'insignifiantes formules ; ainsi la politesse, destinée à rendre la vie plus douce, commence par la tourmenter. Il semble que faire la révérence soit un art tellement difficile, qu'on l'ignorerait toujours si on ne l'étudiait pas dès l'enfance. Mais, ensuite, se flatte-t-on d'apprendre aux enfants à parler avec politesse, sans leur enseigner à mentir? on traite alors le mensonge de bagatelle : eh bien, si l'on voulait préparer ses élèves à devenir flatteurs et fourbes, je demande quelle méthode on emploierait.

Le travail est l'autre source de peines.

L'extrême curiosité des enfants annonce leur désir de s'instruire; mais, au lieu d'en profiter, on l'étouffe. On rend l'étude ennuyeuse, et l'on dit: L'étude ennuie la jeunesse.

Lorsqu'un père est assez éclairé pour élever lui-même ses enfants, la plus sage méthode qu'il puisse employer est d'éloigner d'eux les rudiments, les dictionnaires, la contrainte, et de leur donner la première instruction en conversant avec eux. Alors, les idées que l'instituteur présente sont à la portée de son élève; il l'exerce à observer et l'accoutume à réfléchir; il offre les sciences sous des rapports intéressants, il inspire l'ardeur de s'instruire, et, de tous les résultats que l'enseignement peut avoir, c'est là le plus utile. A quinze ans, un jeune homme, élevé d'après cette méthode, connaîtrait plus de vérités, aurait moins d'erreurs que la plupart des jeunes gens de son âge; on le distinguerait à son désir de cultiver des sciences qui, loin d'avoir jamais fait naître sa tristesse, auraient éveillé pour lui chaque jour de nouvelles idées et

de nouveaux plaisirs. Je serais peu surpris toutefois d'entendre les graves admi-
rateurs de la routine affirmer qu'une telle
méthode ne formerait que des hommes
superficiels. Doctes panégyristes de nos
écoles, cette méthode était celle des Grecs.
Puisqu'ils ignoraient l'art de rendre l'étude
ennuyeuse, afin de répandre ensuite les
bienfaits de la contrainte, sans doute leurs
philosophes n'étaient que des raisonneurs
vulgaires, sans doute leurs poètes et leurs
artistes n'ont produit que d'informes essais!

Au surplus, cette partie de l'éducation
est d'une légère importance près des deux
autres, qui doivent donner à l'élève une
santé robuste, une âme forte. Honteux et
tyrannique empire de l'opinion! elle a plus
de puissance que l'amour paternel. Au lieu
d'enseigner gravement à son fils les futiles
moyens de briller dans le monde, qu'un
père ose lui dire : Échappe à la folie commune et sois heureux! Oblige ceux de
tes semblables dont tu pourras adoucir les
peines, offre à tous l'exemple des bonnes
mœurs, et ne t'impose aucun autre devoir.

Libre de soins intéressés et de soucis ambitieux, ne forme chaque soir que les projets nécessaires pour jouir encore d'un heureux lendemain. Vois s'écouler ainsi tes paisibles journées, arrive doucement à leur terme, et qu'au dernier moment tu puisses dire : Je n'ai connu que les douleurs dont il était impossible à la sagesse de repousser l'atteinte. O pouvoir des préjugés ! pour donner de tels conseils à son fils, il faudrait, dans notre siècle, un courage héroïque.

Mais l'ingratitude si générale, dont se plaignent les pères, n'est-elle point le fruit amer de leurs propres leçons ? Vos fils vous abandonnent, ils livrent à des mains mercenaires votre importune caducité : dans leur jeunesse, vous avez ri de leur insouciance pour la fortune, et vous vantiez alors l'ambition qui les emporte aujourd'hui loin de vous. Puisque l'objet de tous vos soins fut de leur enseigner à briller, n'attendez de leur vanité que de pompeuses funérailles.

J'admire la sagesse infinie, en voyant l'a-

mour paternel plus inquiet et plus tendre
que l'amour filial ; l'intensité des affections
devait se proportionner aux besoins des
êtres qui les excitent. Mais l'ingratitude
n'est point dans la nature, et d'autres leçons formeraient d'autres mœurs. En élevant nos enfants avec soin, en leur inspirant la modération des désirs, la crainte
de l'éclat et du bruit, nous les rendrons
heureux ; et peut-être viendront-ils adoucir
nos derniers instants, comme nous aurons
embelli leurs premiers jours.

XIII. — DE L'AMITIÉ.

Unissons à la famille quelques personnes
dont les mœurs soient aimables et les
goûts simples, et nous aurons achevé de
peupler notre univers. S'il est rare de trouver des amis, n'est-il pas à peu près aussi
rare qu'on en cherche réellement. Je vois
l'intérêt ou le plaisir rompre des nœuds
légers, formés pour un seul jour, et j'entends accuser l'amitié, qui, cependant, leur
était étrangère.

On aime son ami sans intérêt vulgaire, on l'aime pour en être aimé; il fait partie de notre famille: un ami est un frère que nous avons choisi.

Qu'il devient précieux dans ces jours difficiles où l'on affligerait inutilement sa femme, ses enfants, en leur ouvrant son âme! On lui confie ses craintes; et, tandis qu'on s'efforce avec lui d'éloigner les périls qui menacent d'accabler la famille, elle repose dans une heureuse sécurité.

Tous les échanges sont avantageux avec un être qu'on aime et dont on est aimé. S'il souffre, on partage ses peines; mais la douleur qu'on ressent est adoucie par la certitude d'alléger la sienne, et par cette émotion qui naît dans notre âme aussitôt que nous remplissons un devoir. Lorsqu'à son tour on éprouve un revers, au lieu de se trouver seul avec le malheur, on reçoit des consolations si tendres, si touchantes, qu'on cesse d'accuser le sort pour bénir l'amitié.

Mais ne voyons d'un sentiment si pur que ses plaisirs les plus simples, ces entreliens de deux hommes qui sont unis par les mêmes opinions, par les mêmes désirs, qui tous deux ont cultivé les lettres, les arts et la sagesse. Avec quelle rapidité les instants disparaissent dans ces entretiens pleins de charmes ! Les heures consacrées à l'étude sont moins douces, et peut-être moins instructives.

Un ami est d'une autre nature que le reste des hommes. Ceux-ci nous dissimulent nos défauts, ou nous en font apercevoir avec malignité ; un ami nous en parle sans nous blesser ; il nous reproche nos fautes, et, dans le monde, il sait les excuser.

On ne sent à quel point il peut être cher qu'après avoir été longtemps le compagnon fidèle de sa bonne et de sa mauvaise fortune. Que d'émotions on éprouve en se livrant au souvenir des périls communs, si l'on a traversé avec lui les orages d'une longue révolution ! Ce n'est jamais sans attendrissement qu'on se dit : Nous avions mêmes pensées et mêmes espérances ; tel événement nous pénétra de joie, tel autre nous fit gémir. Unissant nos efforts, un jour nous parvînmes à sauver un infortuné ; il nous pressa tous deux ensemble dans ses bras. Bientôt des dangers nous menacèrent : il fallut fuir, le sort nous sépara ; mais nous étions toujours présents l'un à l'autre. Il craignait pour moi, je craignais pour lui. Je lisais encore dans son âme ; je disais : Telle frayeur l'agite, il forme tel projet, il conçoit telle espérance. Enfin, nos peines ont disparu ; et combien le repos a de charmes ! nous le goûtons ensemble !

C'est une absurdité que de s'enorgueillir de la réputation d'un homme à qui l'on est uni par les liens du sang ; mais on peut être fier des rares qualités de son ami. Les nœuds qu'il a formés ne sont point l'ouvrage du hasard ; et, puisqu'on a mérité son estime, on lui ressemble au moins par les qualités du cœur.

Je prends une haute opinion de l'homme à qui j'entends exagérer ou les talents ou les vertus de ses amis. Il possède les qualités dont il parle, pusqu'il a besoin de les supposer à ceux qu'il aime.

Noble et pur sentiment, l'amitié eut ses paisibles héros. Des noms que célébrait la Grèce antique s'offrent à la mémoire ; mais, dans nos temps modernes, il est encore des amis dont le souvenir peut-être sera cher à la postérité. Tous les hommes qui connurent Dubreuil et Pechméja parlent avec respect de leur tendresse mutuelle. On demandait à Pechméja quelle était sa fortune. Aussi bon, aussi simple que La Fontaine, il répondit : *Je n'ai que douze cents livres de rente, mais Dubreuil est riche.* Celui-ci, peu de jours avant de mourir, lui disait : *Pourquoi laisse-t-on entrer tant de personnes dans ma chambre ? Ma maladie est contagieuse, il ne devrait y avoir ici que toi.* C'est ainsi qu'ils étaient unis et savaient peu se distinguer l'un de l'autre.

En révérant l'amitié, ne craignons point d'assigner le rang qu'elle doit occuper dans nos cœurs. Une femme est la véritable compagne de notre destinée, et l'amitié ne doit être que l'auxiliaire de l'amour.

Je pense même que les moralistes ont voulu rendre trop exclusif un sentiment paisible, une passion douce, la seule qui soit exempte d'orage. Je sais combien nos affections, en se multipliant, s'affaiblissent, et je goûte cette pensée d'un vieil auteur : *La nature d'amour est telle que des gros fleuves qui portent de grosses charges ; s'ils sont divisés, n'en portent plus* [1]. Toutefois on ne profane point le nom d'ami en le donnant à plusieurs hommes, s'ils inspirent une haute estime, un tendre intérêt, si l'on ressent toutes leurs peines, tous leurs plaisirs, et si l'on est capable de dévouement envers eux.

Un sentiment plein de délices est l'amitié inspirée par une femme. On a demandé s'il peut exister, ou, du moins, s'il peut être toujours pur. Oui, quand le trouble de la jeunesse n'agite plus notre âme. On goûte alors un sentiment d'autant plus enchanteur, que la différence des sexes, qu'on ne peut entièrement oublier, rend l'amitié plus tendre, lui donne quelque chose de touchant et de vague, et, pour ainsi dire, un charme idéal.

[1] Charron.

Oh ! pourquoi l'amour et l'amitié peuvent-ils cesser d'exister ? Pourquoi ne sont-ils pas éternels dans tous les cœurs ? Si l'on est trompé dans ses affections, le plus sûr moyen d'adoucir sa douleur est de former encore des résolutions généreuses pour conserver, pour exalter l'estime de soi-même. Si ton ami t'abandonne, si ta femme se rend indigne de ton amour, n'ajoute pas au poids de tes chagrins le fardeau de la haine ; quelle ne prenne jamais la place des sentiments qui faisaient ton bonheur : pardonne aux êtres dont tu fus aimé les peines qu'ils te causent, en te souvenant des jours qu'ils ont embellis pour toi.

Mais les trahisons, les perfidies, ne sont fréquentes que dans le tourbillon du monde, où tant d'intérêts opposés, tant de plaisirs trompeurs, étourdissent et divisent les hommes. Des êtres simples et bons, dont la vie s'écoule dans une douce retraite, sentent mieux chaque jour le prix des nœuds qui les unissent ; une obscurité tutélaire voile et conserve leur bonheur.

Je ne me fais point illusion sur les hommes ; les erreurs, les travers, les vices qu'on leur reproche existent; et la plupart des satires sont des tableaux fidèles. Mais on trouve encore quelques personnes dont les mœurs sont franches, le cœur droit et l'esprit aimable; c'est assez pour former ce monde nouveau dont j'ai parlé. On déclame contre les hommes; j'ai mieux fait, je me suis éloigné d'eux, et, renfermé dans le cercle d'une société peu nombreuse, il n'est plus pour moi ni sot ni méchant sur la terre.

Nous avons examiné les biens essentiels, la tranquillité d'âme, l'indépendance, la santé, l'aisance et l'affection de quelques-uns de nos semblables. Je vais offrir encore diverses observations ; mais, lecteur, je trace un essai et n'ai point la prétention de composer un traité. Des mains plus habiles que les miennes construiront un temple au bonheur; c'est assez pour moi de faire apercevoir les sites riants au milieu desquels on pourrait l'élever.

XIV. — DES PLAISIRS DES SENS.

La nature a voulu que chacun de nos sens fût une source de plaisirs ; mais, si nous ne cherchons que des sensations physiques, nous épuiserons les jouissances vulgaires, nous mourrons sans avoir connu la volupté.

Moins les plaisirs s'adressent directement à l'âme, moins ils ont de puissance pour nous intéresser ; plus, au contraire, ils réveillent d'idées, plus ils sont vifs et durables ; ils deviennent célestes quand ils inspirent de vagues et douces rêveries. Observons quelques plaisirs des sens ; toujours nous verrons leur charme s'accroître, à mesure que, s'épurant et perdant, pour ainsi dire, ce qu'ils ont de physique, ils se transformeront en jouissances morales.

Je regarde un tableau : il représente un vieillard, un enfant, une femme qui fait l'aumône, un soldat dont l'attitude exprime l'étonnement. J'admire la pureté du dessin, la vérité du coloris ; ma vue est flattée ; cependant j'oublierai bientôt cet ouvrage si

j'ignore quel en est le sujet. Tout à coup
une inscription me frappe : *Date obolum
Belisario.* Je m'attendris alors, les idées
se pressent en foule dans mon esprit, et
j'entends les hautes leçons que l'artiste me
donne. Je veux souvent revoir ce tableau,
contempler Bélisaire victime de l'ingratitude et l'enfant qui le guide tendant un cas-
que pour recevoir l'aumône.

Les points de vue qui, dans la campagne,
arrêtent longtemps nos regards, sont ceux
qui réveillent des idées d'innocence et de
paix dont le cœur est ému, ou des idées de
puissance et d'immensité qui remuent l'âme
et l'élèvent. Les tableaux de la nature sont,
aussi bien que ceux des hommes, susceptibles d'être embellis par des idées morales.
J'aperçois, en voyageant, une île riante, en-
vironnée d'un lac paisible. Tandis que je me
plais à la considérer, j'apprends que c'est
l'île de Saint-Pierre, qui fut habitée par
Jean-Jacques. Combien alors l'intérêt que
j'éprouvais s'accroît ! C'est là que l'instituteur d'Émile et le peintre de Julie désirait
d'achever sa carrière ; c'est là qu'il fut heu-

reux ! Je cherche à retrouver ses traces dans ces lieux qu'il aimait : je crois le voir, sans soin, sans regret, à l'abri des regards importuns, contempler en rêvant la nature, et s'élever à son divin auteur.

Les sites, qui par eux-mêmes n'ont aucun charme, deviennent les plus beaux, dès qu'ils réveillent de touchants souvenirs. Supposez-vous jeté chez l'étranger par le malheur ; on essaye de dissiper vos peines, on vous dit : Ces contrées sont hospitalières, et la nature y déploie ses richesses ; venez en jouir avec nous ; une patrie agitée et des frères ingrats valent-ils un asile heureux et des amis fidèles ? Les campagnes riantes qui s'offrent à vos regards ont peu d'attrait pour vous ; mais, tandis que vous les parcourez avec indifférence, vous entrevoyez dans le lointain des collines grisâtres que personne ne vous fait remarquer. Elles ressemblent à des monts agrestes de votre pays ; aussitôt vous avez peine à cacher votre émotion. et vos yeux se remplissent de larmes. Ils quittent à regret ces collines ; au milieu d'un riche paysage, elles seules vous intéressent; chaque jour vous irez les revoir, leur demander des souvenirs et des illusions, seuls plaisirs de l'œil.

Tous les sens offrent des exemples en faveur de la théorie que j'expose. Le toucher veille à notre conservation, et donne moins de sensations agréables que d'utiles secours. C'est dans l'union des sexes qu'il fait éprouver ses plaisirs les plus vifs. Lorsqu'un homme célèbre a dit que l'amour physique est le seul qui mérite d'exciter le désir, il n'a prouvé que la sécheresse de son âme. Dépouiller les plaisirs de l'amour des idées qui flattent le cœur, c'est leur enlever ce qu'ils ont de plus séduisant. Si ce principe est faux, pourquoi la pudeur, l'innocence et les grâces naïves sont-elles enchanteresses? Cette vérité, qu'il existe un attrait plus puissant que l'attrait physique, n'est pas ignorée des femmes perdues de mœurs; et les plus dangereuses sont celles qui feignent d'avoir encore ou de regretter les vertus qu'elles ont dédaignées.

Les hommes qui ne cherchent dans les plaisirs du goût que des sensations physi-

ques dégradent leur âme, et finissent leur
inutile existence dans les infirmités de l'a-
brutissement. Il faut que les plaisirs du goût
servent à rendre plus vifs d'autres plaisirs.
Des amis qu'un souper délicat, non somp-
tueux réunit, jouissent mieux du plaisir
d'être ensemble ; ils le prolongent, et les
moments qui s'écoulent voient croître l'a-
bandon. Nous n'avons pas de mot pour dé-
signer cet état éloigné de l'ivresse, où cependant on éprouve une effervescence légère,
qui rend la gaieté plus vive, l'imagination
plus brillante, la philosophie plus douce et
plus facile. Tous les objets se présentent
sous un aspect riant ; un voile heureux s'é-
tend sur les peines qu'on a souffertes, sur
celles qui s'approchent : le vin, plus puissant
que les eaux du Léthé, ne fait pas seulement
oublier le passé, il embellit l'avenir. Mais
sans doute Horace, Anacréon, Chaulieu,
goûtaient avec modération des plaisirs que
l'habitude eût affaiblis, et que l'excès eût
rendus dangereux.

Les plaisirs de l'odorat ne sont vifs que
lorsqu'ils donnent à l'esprit une exaltation

légère et vague. Si les Orientaux aiment avec passion à respirer des parfums, ce n'est pas seulement pour éprouver des sensations physiques : une atmosphère embaumée enivre leurs sens, dispose leur esprit aux douces rêveries, et nourrit de chimères leur imagination rêveuse.

Si j'écrivais un traité sur le sujet qui nous occupe, le sens de l'ouïe m'offrirait une foule d'observations. Le rossignol, par ses accents variés et brillants, nous ravit; mais quelle différence de l'entendre lorsqu'il est emprisonné dans une cage, ou de l'écouter la nuit sous des bosquets, tandis qu'un air frais et pur délasse de la chaleur du jour, et que la faible lumière sur tous les objets dispose à la mélancolie qu'exprime le chant de l'oiseau solitaire !

Une symphonie savante dont les sons ne flattent que l'oreille est bientôt fastidieuse à la plupart de ceux qui l'écoutent. Quand la musique n'a point d'expression déterminée, il faut qu'elle inspire la rêverie, et produise sur nous un effet semblable à celui des parfums sur les Orientaux.

On déploie dans un opéra tout le luxe des arts; il étonne, il séduit; les impressions se succèdent avec rapidité, et nous croyons ne pouvoir en éprouver de nouvelles. Peut-être, à la sortie du théâtre, recevrons-nous des émotions plus vives, si le hasard nous fait entendre un air que chantait, dans notre enfance, une voix qui nous est chère. Si l'on fut élevé dans les montagnes de l'Auvergne ou de la Savoie, une chanson rustique fait oublier le spectacle pompeux qu'on vient d'admirer; les merveilles dont on était ravi s'effacent de la mémoire, et l'on s'abandonne avec attendrissement aux doux souvenirs de l'enfance et de la patrie.

Ces observations, qu'il serait facile de multiplier, suffisent pour jeter du jour sur la théorie que j'esquisse. Si vous voulez conserver de l'élévation à votre âme, de la fraîcheur à votre imagination, choisissez parmi les plaisirs des sens ceux qui s'allient à des idées morales. Faibles quand ils sont privés du secours de ces idées, ils deviennent funestes quand ils les excluent. Oser les goûter alors, c'est sacrifier les plaisirs durables

aux plaisirs éphémères, c'est agir comme
l'imprudent qui dépouille un arbre de ses
fleurs, pour respirer leur parfum : il perd
les fruits qu'il devait recueillir, et bientôt il
voit les fleurs se faner.

XV. — DES PLAISIRS DU CŒUR.

Le Créateur déploie dans ses dons une
magnificence qui doit toucher notre âme.
Quelle variété dans les sentiments affectueux
dont l'homme est appelé à goûter les délices !
Sans sortir du cercle de la famille, on voit
s'offrir la piété filiale, l'amitié, l'amour et la
tendresse paternelle. Ces divers sentiments
peuvent exister à la fois dans nos cœurs ;
loin de se nuire, chacun d'eux semble donner une vie nouvelle à tous les autres ! Ah !
sans doute, le besoin de tant d'affections et
d'appuis atteste notre faiblesse et notre dépendance. Mais je conçois à peine le bonheur qu'un être moins imparfait trouverait
en lui-même ; et je bénis ma faiblesse, puisqu'elle est la source d'affections si tendres
et de plaisirs si purs.

Gardons-nous de confondre la sensibilité qu'exigent les plaisirs du cœur avec celle qui produit les caractères passionnés : elles diffèrent autant que la chaleur de la vie et l'ardeur de la fièvre. L'oisiveté, les objets propres à frapper fortement l'imagination, les maximes qui corrompent l'esprit, développent une sensibilité vague et brûlante, qui conduit quelquefois au crime et toujours au malheur. Il en est une autre que la raison approuve, que la vertu conserve ; on lui doit ces émotions pures qui donnent sur la terre un sentiment confus des voluptés célestes.

Quelques hommes cependant la redoutent, supposent qu'elle multiplierait leurs peines, et s'étudient à l'étouffer dans leur âme. On les présenterait facilement sous un aspect odieux ; jugeons-les sans partialité.

Le célèbre Hume, dont je pourrais citer plusieurs traits honorables, disait à quelqu'un qui lui confiait des chagrins secrets : « Vous avez une ennemie qui vous empêchera d'être heureux ; c'est votre âme sen-

sible. — Eh quoi ! répondit son interlocu-
teur avec une sorte d'effroi, n'avez-vous
pas de sensibilité ? Non. — Vous ne souffrez
pas, quand vous voyez souffrir ? — Non.
Ma raison seule me dit qu'il est bien d'a-
paiser la douleur. »

Si l'on réfléchit sur la réponse de Hume,
on est frappé d'abord par cette idée que la
plupart de ceux qui voudront adopter ces
principes ne s'arrêteront pas au même
point que leur modèle. Ils tomberont dans
la classe des êtres abrutis qui voient toutes
les calamités d'un œil sec, pourvu qu'elles
ne retranchent rien de leurs jouissances.

Je suppose qu'ils suivent mieux les leçons du philosophe anglais, et que, sans
émotion, sans trouble, ils tendent à ceux
qui souffrent une main secourable. C'est
assez peut-être aux yeux de la froide raison ; mais un noble instinct repoussera
toujours cette étrange morale qui dénature
le cœur humain, et le prive, pour ainsi
dire, de ses faiblesses. Nous ne voulons
pas même qu'un homme oppose trop de
courage à ses propres malheurs ; et les

larmes qu'il verse, en éprouvant une perte cruelle, sont une garantie qu'il nous donne de la part qu'il prendrait à nos peines.

De deux conditions qu'un vil proverbe exige pour être heureux, l'une est d'avoir un mauvais cœur. L'adage de l'égoïsme est vrai sous ce rapport, qu'étouffer sa sensibilité est un moyen d'éviter des souffrances. Cyniques philosophes, s'il ne s'agit que d'échapper à la douleur, mourir est un moyen plus sûr encore.

Le secret d'être heureux n'est pas celui d'éviter tous les maux, car il faudrait alors ne rien aimer. S'il est un sort digne d'envie, c'est celui de l'homme sensible et bon qui voit son ouvrage dans la félicité de tous ceux qui l'entourent. Cherche à t'environner d'êtres heureux. Que le bonheur de ta famille soit constamment l'objet de tes pensées ; préviens les désirs de tes amis, et devine leurs peines. Inspire l'affection et la fidélité à tes domestiques, en leur assurant une douce vieillesse. Conserve les mêmes ouvriers, et donne-leur au besoin tes secours et tes conseils. Enfin, dans la maison du père de famille, que tous les êtres ressentent le bonheur : oui, tous ; et les animaux mêmes, soignés avec vigilance, traités avec douceur, doivent y recevoir le prix de leurs services.

Je n'offrirai que des idées rapides sur les plaisirs de la bienfaisance. Lecteurs, de tels plaisirs vous sont familiers ; et les mouvements de votre cœur sont plus instructifs que ne le seraient mes leçons.

J'estime peu ces gens qui craignent toujours qu'on ne les trompe en sollicitant leur pitié. Dans le doute si ce secours est ou n'est pas mérité, donnez-le ; c'est vous exposer à l'erreur la moins sujette au repentir.

Mais ce n'est point imiter ces êtres défiants que de chercher avec zèle, avec intelligence, l'emploi le plus utile à faire de ses dons. On accroît ainsi sa modique fortune, puisqu'on multiplie réellement ses bonnes œuvres. Les moyens de faire le bien sont aussi variés que les misères et les souffrances. Sans vouloir rien d'exclusif, je pense que les pères et les mères de famille ont les premiers titres à la bienfaisance, et que le plus sûr moyen de leur procurer un bien durable est de mettre leurs enfants en état de travailler. Si, dans ce but, on se réunit plusieurs, on fera beaucoup avec peu. Il est plus facile qu'on ne le croit de garantir des jeunes gens du vagabondage, des jeunes filles du désespoir et de l'opprobre ; elles auraient vécu malheureuses et méprisées ; un jour peut-être à leurs bénédictions pour vous s'uniront celles de leurs maris et de leurs enfants.

Il y a des infortunés, et ce sont quelquefois les plus à plaindre, qui n'ont pas besoin de secours pécuniaires : il leur faudrait des consolations et des conseils. Sans argent, on peut donc exercer encore la bienfaisance. C'est remplir un de ses devoirs les plus touchants que de sauver du découragement un être qui gémit sous le poids d'une première faute, que de ranimer pour lui la tendresse de ses proches en leur disant : On ne recouvre pas l'innocence, mais le repentir peut rendre la vertu.

Si l'on a quelque accès près d'hommes

puissants, on doit remplir une tâche honorable, mais difficile. Pour solliciter fréquemment sans perdre la considération nécessaire au succès, il faut de l'esprit et de la dignité, surtout il faut du zèle. Si l'on veut obliger du fond de son cabinet, on voit bientôt disparaître son faible crédit : les lettres de recommandation ressemblent aux assignats, qui valent de l'argent quand ils sont peu nombreux, mais qui ne sont que du papier quand on les multiplie.

Pour jouir des charmes de la bienfaisance dans toute leur pureté, évitons que l'amour-propre les altère ; il ne donne que les plaisirs de la vanité, plaisirs imparfaits où le cœur n'a point de part. La bienfaisance ressemble à l'amour : pour enivrer l'âme de ses faveurs les plus douces, elle a besoin comme lui de l'ombre et du mystère.

Tels sont les charmes de cette vertu, que lorsque nous refusons de la pratiquer, nous aimons encore ce qui vient en retracer l'image ; mais, laissant alors la réalité pour l'apparence, nous n'embrassons que l'om-

bre du plaisir. Au lieu de mouiller de
pleurs les pages d'un roman, nous pour-
rions entendre raconter des histoires plus
touchantes par de véritables victimes de
l'injustice et du malheur. Nous restons attendris devant ce tableau où nous voyons
un vieillard qui se dépouille de ses habits
pour réchauffer un enfant. L'original de
cette composition existe, et, sans doute, il
a droit à plus d'intérêt que cette toile ina-
nimée. Notre âme s'élève, lorsqu'au théâtre
nous entendons les accents de la générosité
et ceux de la reconnaissance ; elle s'élève-
rait bien davantage, si nous entendions les
actions de grâces d'une famille qui nous
devrait le retour de son bonheur.

L'attrait de la bienfaisance est si vif,
qu'il suffit, pour être ému, de songer à
ceux qui l'exercent. Les cœurs les plus
froids payent un tribut de vénération à ces
femmes qui, se consacrant au service des
pauvres et des malades, supportent les fatigues, les dégoûts et même les injures,
pour épargner une souffrance à celui qui
va mourir. Elles savent employer la pa-

tience pour guérir les maladies du corps,
et l'espérance pour adoucir celles de l'âme.
Êtres faibles, qui pratiquez des vertus si
touchantes, vous avez raison d'espérer les
récompenses du ciel ; elles seules sont dignes de vos âmes pures : vous ne semblez
descendus un instant sur la terre que pour
y remplir une mission céleste, et retourner
ensuite dans votre patrie.

XVI. — DES PLAISIRS DE L'ESPRIT.

Dans l'homme sauvage, les facultés intellectuelles dorment. Dès que ses appétits
sont satisfaits, il n'aperçoit ni plaisir qu'il
puisse désirer, ni peine qu'il doive craindre ; il se couche et sommeille. Ce bonheur
négatif désolerait l'homme civilisé. Toutes
ses facultés ont pris l'essor ; il éprouve un
besoin nouveau, que des occupations graves ou futiles, mais promptement renais-
santes, peuvent seules apaiser. S'il est
entre elles des intervalles qui ne soient
remplis ni par un repos nécessaire ni par
les souvenirs, l'ennui vient, et lui fait

tristement mesurer la longueur de ces lacunes de la vie.

Après le vice, ce qu'il faut éviter avec le plus de soin, c'est l'ennui. Certaines gens l'éloignent sans effort. Mon voisin, honnête rentier, va déjeuner tous les jours dans le même café. Là, il s'installe ; il lit une douzaine de gazettes qui se sont copiées. Prolongeant à plaisir sa lecture, prenant gravement du repos, il communique, tantôt avec finesse, tantôt avec emphase, ses réflexions aux habitués qui l'entourent. Il passe ainsi deux ou trois heures, et sort enfin du café avec autant d'importance que s'il venait de payer sa dette à la société. Toute sa journée est aussi agréablement remplie ; il visite les rues où des constructions s'élèvent : s'il voit qu'elles avancent, on le prendrait, à sa satisfaction, pour le propriétaire ; il fait des compliments aux ouvriers, quelquefois même à l'architecte. Toujours ses promenades le ramènent au Luxembourg, où il regarde jouer aux boules, et reçoit souvent l'honneur d'être choisi pour juger les coups douteux. Après un court dîner, il se hâte retourner au café du matin : le *domino* l'attend, c'est le jeu qu'il aime de passion ; et les plus longues soirées d'hiver ne se terminent point sans qu'on l'entende se plaindre de la rapidité avec laquelle les heures disparaissent !

Aux théâtres du boulevard, ce n'est pas la scène qu'il faut regarder, c'est le parterre. Quels transports, quand un coup de poignard, précédé d'une pompeuse maxime, renverse le tyran ! et, dans tout le cours de la pièce, quelles anxiétés ? quelles larmes sincères ! Se défend-on d'envier le sort de cet honnête bourgeois que ni l'invraisemblance des situations, ni l'absurdité du dialogue ne peuvent distraire du plaisir qu'il goûte à trembler sur les dangers de l'innocence ?

On pourrait écrire des observations nombreuses sur les plaisirs des sots. N'a pas qui veut ces plaisirs : examinons des moyens moins simples, mais plus sûrs, d'échapper à l'ennui.

Dès qu'un homme se plaît à cultiver son esprit, il ne craint plus le poids du temps ;

ses plaisirs sont à ses ordres; et ceux qui charment sa solitude, en quelque sorte, magiques. Il vit dans le siècle qu'il préfère; il franchit la distance qui le sépare des lieux qu'il veut connaître; il interroge les grands hommes de tous les âges, de toutes les contrées; et ses entretiens avec eux cessent ou changent d'objet aussitôt qu'il le veut. Combien il doit rendre grâces à la nature d'imprimer au génie tant d'impressions différentes! Avec Platon, il est parmi les sages de la Grèce; il entend leurs leçons, il s'associe à leurs vœux pour le bonheur des hommes. Désire-t-il du repos, les poètes s'empressent de le distraire. Horace l'environne d'épicuriens aimables; et partageant leurs douces rêveries, il applaudit aux chantres de l'insouciance et du plaisir.

C'est grande pitié qu'un homme, parce qu'il a des connaissances, fatigue les autres de son amour-propre! Si l'on pouvait compter tout ce qu'ignore le plus savant, on verrait qu'entre un ignorant et lui la différence est de bien peu de chose. Mais

faut-il s'étonner si les amis des muses
fuient les petits débats, les tristes fêtes et
les ennuyeuses cérémonies de nos sociétés
bruyantes ? Celle qui les attend a des
charmes si doux !

Parvenir à la vérité est le but de l'étude.
Dans une telle recherche tout enflamme,
tout enchante l'esprit. La volonté d'y réussir suffit pour qu'on éprouve cette noble
émotion que donnent un zèle ardent et des
intentions pures. Le succès, alors même
qu'on ne songerait point aux résultats qu'il
peut avoir, inspirerait une sorte de volupté,
parce que la vérité convient à notre esprit, comme une couleur brillante et douce
convient à notre vue, comme un son flatteur convient à notre oreille. Mais ce plaisir est accompagné d'un autre plus vif : la
vérité doit produire des effets salutaires ;
et, chaque fois que notre intelligence en
découvre quelques étincelles, notre âme
s'élève, pénétrée de hautes espérances.

Un des principaux avantages de l'étude
est d'affranchir l'esprit des préjugés qui
troublent la vie. Que de tourments ont

causés ceux qui se mêlent aux idées religieuses ! Après ces grandes calamités qui
firent perdre la trace des sciences et des
arts, les hommes, poursuivis par la terreur,
croyaient voir des génies malfaisants voler
sur les nuages, d'autres errer dans la pro-
fondeur des bois. Le bruit du vent et du
tonnerre leur paraissait être la voix des di-
vinités infernales ; et, prosternés avec effroi,
ils cherchaient, par de sanglants sacrifices,
à satisfaire leurs dieux courroucés. Un petit
nombre d'hommes éclairés par l'observation dissipèrent enfin l'épouvante, en révé-
lant quelques-unes des lois les plus simples
de la physique : les fantômes s'évanouirent,
un Dieu juste régna sur la nature consolée.
On croit qu'un intervalle immense nous
sépare de ces temps de désastres et d'alarmes. Combien d'êtres malheureux par leurs
faiblesses supposent encore un Dieu implacable, qui commande la haine, et punit
des fautes légères à l'égal des plus grands
crimes ! L'homme exempt de préjugés est
le seul qui se prosterne avec amour, et dont
la prière, soumise et confiante, s'adresse

aux nobles attributs du pouvoir, la justice et la clémence.

Il est d'autres erreurs que dissipe l'étude. L'homme épris du commerce des Muses ne consume point ses belles années dans de tristes intrigues ; on ne le rencontre pas sur les routes que l'ambition a tracées. Aussi les Grecs, féconds en ingénieuses allégories, faisaient-ils présider la même divinité aux sciences et à la sagesse.

L'habitude de vivre au milieu des chefs-d'œuvre produit l'élévation d'âme; et celui dont l'âme est élevée est heureux et bon. Exempt de vaines faiblesses, libre de turbulentes passions, il cultive les vertus nobles et généreuses, pour le plaisir de les pratiquer. Dédaignant une foule d'objets qui troublent le vulgaire, il offre peu de prise au malheur; et si cependant l'adversité le frappe, il a contre elle des ressources d'autant plus sûres qu'il les trouve en lui-même.

Toutefois on ne s'enivre du charme heureux des lettres et des arts qu'au sein de la retraite. Si c'est pour occuper la renommée qu'on lit et qu'on médite, les amusements se changent en travaux. Si l'on veut parcourir une lice, devancer des émules, diriger un parti, on est bientôt agité de petites passions, de grandes inquiétudes. Dieu, voulant qu'aucun bien ne fût parfait sur la terre, près de l'amour de l'étude plaça la soif de la célébrité.

Mais la noble ambition d'être utile, l'ardeur de rendre d'immortels services, faut-il donc l'étouffer? n'est-elle plus la source de plaisirs aussi purs qu'enivrants?... Je vois une république immense, indestructible, composée de tous les hommes qui se dévouent au bonheur de l'humanité. Occupés sans relâche de continuer l'ouvrage que leurs prédécesseurs ont commencé, ils légueront à leurs successeurs le soin de poursuivre leurs travaux. Les hommes de génie sont les chefs de cette république. Comme ils ont des talents qui les séparent du reste des humains, ils ont aussi des peines et des plaisirs réservés pour eux seuls. O Newton! quel sentiment sublime s'éleva dans votre âme, alors que vous

découvrîtes une partie des mystérieuses
lois de l'univers! Fénelon! quel sentiment
plus doux encore vous animait, lorsque
vous méditiez les plus belles leçons que la
sagesse ait fait entendre aux rois! C'est à
ces êtres privilégiés qu'il appartient d'imprimer une grande impulsion aux esprits,
et de tracer une route nouvelle aux générations qu'ils étonnent. Pour nous, hommes
vulgaires, bornons-nous à la suivre. Ce
n'est point par d'ambitieux écrits, c'est par
de modestes vertus que nous pouvons nous
associer aux travaux du génie. Si, dociles à
la voix des sages, nous mettons leurs leçons
en pratique, nous ne vivrons pas inutiles;
nous aurons aussi, malgré notre faiblesse,
contribué à dissiper la nuit des préjugés et
des vices.

XVII. — DES PLAISIRS DE L'IMAGINATION.

Si les mots *plaisir imaginaire* signifient
un plaisir qui n'a rien de réel, gardons-
nous de les employer jamais. Le pauvre qui
tous les jours, pendant douze heures, dor-

mait et se croyait revêtu de l'autorité royale, avait un sort exactement semblable à celui du roi qui, rêvant pendant le même nombre d'heures, croyait souffrir le froid, la faim, et sollicitait dans les rues la pitié des passants.

Tous nos plaisirs sont fugitifs, et tous sont réels. Faculté merveilleuse, l'imagination réveille les plaisirs passés, charme l'instant qui s'écoule, et voile l'avenir ou l'embellit d'espérances.

Bannissons ce préjugé vulgaire qui nous représente la raison et l'imagination comme deux ennemies, dont l'une doit étouffer l'autre. La raison ne dédaigne aucun plaisir facile et pur. L'erreur même d'un songe peut avoir du prix à ses yeux ; et quels avantages les rêves de l'imagination n'ont-ils pas sur ceux du sommeil ! Ma volonté fait naître les premiers ; je les prolonge, les dissipe et les renouvelle à mon gré. Tous les hommes qui s'étudient à multiplier les instants heureux savent jouir d'aimables chimères, et peignent avec enchantement les heures d'ivresse qu'ils doivent à l'effervescence d'une imagination riante.

Il est des circonstances où la raison n'a plus à nous donner d'autre conseil que celui de nous livrer aux illusions, qui peuvent mêler encore quelques plaisirs à nos douleurs. Un homme de mérite qui, dans nos temps orageux, a passé vingt mois en prison, me disait qu'une nuit il rêva que sa femme et ses enfants lui apportaient la liberté. Ce rêve lui laissait un souvenir si profond, une émotion si vive, qu'il forma le projet de le renouveler, par la pensée, chaque jour. Tous les soirs, excitant son imagination, il cherchait à se persuader qu'il était au moment de la réunion désirée; il se représentait les transports de sa femme, les caresses de ses enfants, et ne laissait que des chimères occuper son esprit, jusqu'à l'instant où le sommeil lui faisait tout oublier. L'habitude, me disait-il, avait rendu mes illusions plus fortes qu'on ne pourrait le croire : j'attendais la nuit avec impatience ; et la certitude que le jour finirait par quelques instants heureux me faisait constamment éprouver je ne sais quelle exaltation qui m'étourdissait sur mes peines.

Dans l'infortune, les douces illusions ressemblent à ces feux brillants et colorés qui, durant les tristes hivers du pôle, présentent au milieu des nuits l'image de l'aurore. Une faculté mobile et vive, qui trompe le malheur, doit embellir le bonheur même. Aux avantages qu'on possède elle unit ceux qu'on désire. Par sa magie, nous renouvelons les heures dont le souvenir nous est cher, nous goûtons les plaisirs que promet un avenir lointain, et nous voyons du moins l'ombre légère de ceux qui nous fuiront.

Les illusions, a dit un sombre philosophe, sont l'effet d'une démence passagère. Ah ! les idées folles sont celles d'où naissent les ennuis, et les idées raisonnables sont celles qui charment la vie. Si vous rejetez ces principes, n'adoptez pas du moins une fausse et lugubre sagesse ; croyez plutôt que tout est folie sur la terre. Mais alors je distingue des folies tristes, des folies gaies, des folies effrayantes, des folies aimables, et je veux choisir celles dont les prestiges sont riants et les erreurs consolantes.

Comment cet être morose, qui n'aperçoit sur la terre que des méchants, et dans l'avenir que des malheurs, accuse-t-il de se laisser tromper par l'imagination celui qui se berce d'espérances flatteuses ? Tous deux s'abusent ; mais l'un souffre de ses erreurs, l'autre vit de ses illusions.

Ils ont des idées étranges, ces prétendus sages qui voient, dans les secours de l'imagination, la ressource des âmes faibles ! L'inquiétude, la tristesse, l'ennui, voilà les véritables signes de faiblesse. Il reçut une âme élevée celui qui, poursuivi par l'injustice, sourit encore à des illusions, et qui, pour échapper aux misères du monde réel, l'abandonne et fuit vers un monde idéal.

La sagesse ne dédaigne point une faculté brillante, et, pour goûter tous les plaisirs de l'imagination, il faut avoir une raison exercée. L'imagination ressemble tantôt à ces magiciennes qui transportaient sur des bords enchantés le héros objet de leur amour, tantôt à leurs ennemies qui multipliaient autour de lui les périls. Livrée à ses caprices, peut-être nous ferait-elle redouter mille maux chimériques, aussi féconde pour enfanter des tourments qu'elle est ingénieuse à créer des plaisirs. La raison, qui ne peut la suivre toujours, doit lui montrer quels sentiers le bonheur l'invite à parcourir.

. La raison est nécessaire encore à l'instant où les chimères disparaissent. Cet instant nous afflige ; mais je serais dans la situation dont un rêve enchanteur me faisait goûter les délices, que je pourrais encore et désirer et m'attrister. Tout homme dont l'esprit est élevé, le cœur bon, s'est plu à supposer que, loin des sots, à l'abri des méchants, seul avec quelques amis, il vivait dans une contrée riante, séparée du reste du monde. Que ce rêve se réalise, demain l'asile paisible, ignoré, nous verra donner des regrets aux lieux que nous aurons quittés, et former des désirs pour échapper aux ennuis de la nouvelle patrie. Puisque notre sort changerait vainement, étudions l'art d'en adoucir les peines, apprenons à jouir de tous ses avantages, et qu'ils soient embellis par les heureux prestiges d'une imagination féconde.

Nos regrets naîtraient-ils de la rapidité avec laquelle les illusions disparaissent? Eh quoi! j'ai vu des riches et des grands dépouillés en un instant de leur fortune, de leur pouvoir, et je m'affligerais lorsqu'un songe s'évanouit pour moi! Mais encore, ces infortunés ont perdu pour jamais les biens qui leur étaient si chers, et moi, je renouvelle à mon gré mes illusions et mes plaisirs.

Loin de sacrifier aucune de nos facultés, exerçons-les toutes, et qu'elles se prêtent mutuellement des secours. Il faut, lorsqu'on avance dans la vie, que la raison acquière le calme de l'âge mûr; mais que le cœur et l'imagination conservent encore des étincelles du feu de la jeunesse.

XVIII. — DE LA MÉLANCOLIE.

L'attendrissement se mêle à nos plaisirs

dès qu'ils sont très vifs. La naissance d'un enfant, la convalescence d'un père, le retour d'un ami, humectent de pleurs notre paupière. La nature donne à la joie quelques-uns des signes de la tristesse ; il semble que, nous destinant à éprouver tour à tour ces deux genres d'émotions, elle ait voulu rendre moins sensible le passage de l'un à l'autre.

Nos souvenirs les plus chers sont ceux que l'attendrissement accompagne, ceux des jeux de l'enfance, des premières amours, des périls qu'on n'a plus à craindre, et des fautes qu'on a su réparer. Lecteur, rappelez-vous l'instant le plus heureux de votre vie : dans cet instant vous étiez attendri.

Mais il est deux sortes de mélancolie, ou plutôt ne confondons pas les idées mélancoliques avec les idées sombres. L'attendrissement léger, qui donne un nouveau charme aux plaisirs fugitifs, sera-t-il jamais inspiré par ces ouvrages lugubres qu'on a voulu mettre à la mode ; par ces romans effrayants et ces drames bizarres où des personnages hideux représentent des scènes révoltantes? Eh quoi! cette grande figure hâve et décharnée qui s'enveloppe d'un linceul, c'est là, selon vous, la mélancolie? Détrompez-vous; les traits de la mélancolie sont ceux de l'innocence; de douces rêveries l'occupent; elle a des larmes dans les yeux, et le sourire est sur ses lèvres.

Les hommes qui cherchent à rendre les tombeaux mêmes plus sinistres, en attendant la nuit pour les visiter, en tourmentant leur imagination pour les peupler de fantômes, ces hommes ont une âme froide; s'ils étaient sensibles, auraient-ils besoin de tant d'efforts pour s'émouvoir?

J'entrai, l'année dernière [1], dans un des cimetières de Paris; je vis beaucoup de monuments, dont je parcourus les touchantes inscriptions. Dans l'une, un père dit qu'il avait cinq enfants, et que la tombe sur laquelle on lit ces mots renferme le dernier qui restait pour sa consolation. Dans une autre, un père et une mère disent que leur

[1] 1805.

fille unique est morte, à l'âge de dix-sept ans, victime de leur faiblesse et de nos modes imprudentes. Ce séjour du repos et des pleurs, ces paroles écrites dans le lieu du silence, ces souvenirs qui font aimer ceux qui n'existent plus et ceux qui les regrettent, pénétraient mon âme d'une émotion qui n'était pas sans charmes. A la vue des tombeaux, on pense bientôt à soi-même. Je marquais ma place dans ces paisibles demeures : mon imagination me transportait au jour que je ne verrai pas, et me faisait entendre quelques adieux de l'amitié prononcés sur ma tombe. Je m'éloignai trop tard : une observation changea le cours de mes rêveries, et je n'emportai qu'un sentiment douloureux. Je remarquai que beaucoup de tombes étaient consacrées par des parents à leurs enfants, par des maris à leurs femmes, par des femmes à leurs époux, mais qu'il n'y en avait que deux élevées par des enfants à leurs pères.

On peut goûter quelquefois la mélancolie près des ruines et des tombeaux ; mais l'habitude de voir des objets lugubres est dangereuse ; elle émousse la sensibilité, elle oblige à chercher les émotions toujours plus fortes, et nourrit l'âme d'idées sombres qui ne s'allient point avec le bonheur.

Ah ! sans doute, il est des malheureux qui, n'aspirant plus qu'à la mort, trouvent quelque soulagement dans un spectacle sinistre. Young, après avoir perdu sa fille unique, après avoir vainement sollicité un peu de terre pour cette infortunée et s'être vu réduit à l'enterrer lui-même, Young dut fuir ses semblables et ne plus aimer que la nuit, la solitude et les tombeaux. Ainsi quelques hommes sont condamnés par leurs revers à nourrir une éternelle et noire mélancolie ; mais leurs froids imitateurs, en voulant se singulariser, ne deviennent que des êtres fatigants et ridicules.

Je vois avec douleur consacrer des talents distingués à célébrer la mélancolie ; non celle qui sourit et donne au plaisir un charme plus doux, mais celle qui naît des tombeaux et nous abreuve de tristesse. Les scènes déchirantes et les tableaux lugubres ont, dans ce siècle, je ne sais quel attrait qui les fait rechercher avec avidité. Un homme, dont le génie doit rendre les erreurs séduisantes, s'est plu à considérer la religion chrétienne comme une source intarissable de mélancolie; c'est surtout quand elle s'offre à lui sous un aspect funèbre qu'elle exalte son âme.

Il peint cette religion, née dans les bois d'Oreb et de Sinaï, entourée d'une tristesse formidable, offrant à nos adorations un Dieu qui mourut pour les hommes. Il peint l'invasion des barbares, les persécutions des premiers fidèles, les cloîtres s'élevant de toutes parts, et la mélancolie s'accroissant encore par les règles imposées aux pieux cénobites.

« Là, dit-il, des religieux bêchaient leurs
« tombeaux, à la lueur de la lune, dans les
« cimetières des cloîtres; ici ils n'avaient
« pour lit qu'un cercueil. Plusieurs erraient
« sur les débris de Memphis et de Baby-
« lone, accompagnés par des lions qu'ils
« avaient apprivoisés au son de la harpe de
« David. Les uns se condamnaient à un

« perpétuel silence ; les autres répétaient
« dans un éternel cantique, ou les soupirs
« de Job, ou les plaintes de Jérémie, ou les
« pénitences du roi-prophète. Enfin les
« monastères étaient bâtis dans les sites les
« plus sauvages : on les trouvait dispersés
« sur les cimes du Liban, dans l'épaisseur
« des forêts des Gaules, et sur les grèves
« des mers britanniques. Oh ! comme ils
« devaient être tristes, les tintements de la
« cloche religieuse qui, dans le calme des
« nuits, appelaient les vestales aux veilles
« et aux prières, et se mêlaient, sous les
« voûtes du temple, aux derniers sons des
« cantiques et aux faibles bruissements des
« flots lointains ! Combien elles devaient
« être profondes, les méditations du soli-
« taire qui, à travers les barreaux de la fe-
« nêtre, rêvait à l'aspect de la mer, peut-
« être agitée par l'orage ! La tempête sur
« les flots, le calme dans sa retraite ! Des
« hommes brisés sur des écueils, au pied
« de l'asile de la paix ! L'infini de l'autre
« côté d'une cellule, de même qu'il n'y a
« que la pierre du tombeau entre l'éternité

« et la vie... Toutes ces diverses puissances
« du malheur, de la religion, des souvenirs,
« des mœurs, des scènes de la nature, se
« réunirent pour faire du génie chrétien le
« génie même de la mélancolie. »

Eh quoi ! des gémissements sans fin, l'a-
mour des déserts, l'espérance du tombeau,
serait-ce là tout ce qu'une religion divine
apporterait à l'homme sur la terre. Votre
imagination s'égare et vous abuse? La religion des chrétiens n'est pas triste, elle
est sérieuse; moins brillante que l'ingénieux paganisme, elle est moins amie du plaisir, mais elle est plus favorable au bonheur.

Nos opinions ne sont pas seulement différentes, elles sont opposées. Une religion
pure fait éclore les douces joies, la confiance
et la sérénité; c'est l'oubli des idées religieuses qui produit, avec le découragement, une vague tristesse, une sombre
mélancolie.

Des tableaux lugubres, tracés avec enthousiasme, ne peuvent que grossir le
nombre des hommes atrabilaires, las du
monde et fatigués d'eux-mêmes. Si la reli-

gion inspirait un insatiable besoin de rêveries funèbres, loin d'être divine, elle serait
antisociale. Oh! peignez-la plus active que
le malheur, donnant un vêtement au pauvre, un lit au malade, une mère à l'orphe-
lin ; essuyant d'une main céleste les pleurs
de l'innocence, et faisant verser au coupable des larmes consolantes. Qu'une pieuse
reconnaissance environne ses modestes héros, ce Vincent de Paul, apôtre et martyr
de la charité, ce Jean Hennuyer [1], dont le
palais s'ouvrit aux protestants quand des
ordres impies commandaient leur massa-
cre, et cette âme si pure, ce divin Fénelon,
qu'inspirait le génie même de la vertu.
Voilà les hommes dont il faut multiplier les
disciples et les émules ; mais craignez de
répandre de mélancoliques erreurs et de
sombres folies : l'éloquence vous fut donnée
pour un plus digr usage !

[1] Évêque de Lisieux, en 1572.

XIX. — DES SENTIMENTS RELIGIEUX.

C'est dans les espérances religieuses qu'il faut chercher le complément de la philosophie du bonheur. L'homme persuadé qu'une Providence éternelle veille sur l'univers s'abandonne à ses lois, comme dans un sentier ténébreux on suit avec assurance un guide qui ne peut s'égarer.

Au milieu du tumulte de nos plaisirs bruyants, la voix de la sagesse est à peine entendue, et peut-être faut-il avoir connu le malheur pour sentir tout le charme des pensées religieuses. Semblables à ces amis que nos fêtes éloignent, et que rappelle notre infortune, c'est dans les jours d'adversité qu'elles viennent offrir leurs secours les plus doux. Ah ! cependant, les plaisirs funestes sont les seuls qui ne puissent s'unir à ces idées augustes ; dans le bonheur, on se recueille, et l'on a besoin d'immortalité.

Toutes les affections généreuses et tendres acquièrent un nouveau charme en s'alliant aux sentiments religieux, ainsi que des objets, beaux par eux-mêmes, reçoivent un nouvel éclat lorsqu'une lumière pure les éclaire. La piété filiale devient plus touchante dans ces enfants qui prient avec ferveur pour conserver les jours de leur mère. Qu'un pieux courage guide une femme charitable, c'est l'ange des consolations qui visite les demeures de la misère et des souffrances. Les philosophes qu'entouraient les ténèbres du polythéisme, et qui cependant parvinrent à tant de grandes vérités, reconnurent que la vertu a besoin de s'allier au principe religieux. Anaxagore, Socrate, Platon, Marc-Aurèle, Épictète et beaucoup d'autres contemplaient dans la Divinité le modèle infini de la perfection; ils s'efforçaient de seconder ses vues d'ordre et d'harmonie en dirigeant vers le bien leurs actions, leurs pensées, et c'est ainsi qu'ils s'élevèrent à la plus haute sagesse dont la faible humanité s'honore. Des sentiments qui donnent à toutes nos facultés une direction si noble fécondent le génie ainsi que la vertu. Les chefs-d'œuvre cesseraient d'éclore sur une terre où l'on n'apercevrait que la matière, les combinaisons fortuites et la dissolution des êtres. Laissons un instant les considérations morales : apôtres de l'athéisme, vos froids calculs attristent la vie et bannissent de l'univers le beau idéal!

On doit, disent-ils, répandre la vérité. Si les espérances religieuses sont fausses, ne parlons plus de chercher, d'aimer, de propager la vérité. C'est à sa bienfaisante influence que, dans toutes les contrées, dans tous les siècles, les sages voulurent la reconnaître : si nos idées les plus élevées et les plus consolantes sont d'absurdes chimères, l'erreur et la vérité se confondent; il ne reste aucun signe pour les distinguer.

Les athées se vantent d'être seuls les antagonistes francs et hardis de la superstition : ils la servent. Les superstitieux enfantent des athées, et les athées enfantent des superstitieux; comme dans les révolutions, la résistance produit l'exagération, et l'exagération centuple la résistance.

Il est des hommes intéressants qui,

paisibles et de bonne foi, cherchent en vain
à se former une conviction qu'ils souhai-
tent. Leur cœur la désire, leur esprit s'y
refuse. Ils voudraient embrasser une opinion consolante, et s'affligeraient en nous
ôtant des espérances qu'ils regrettent de
n'avoir pas pour eux-mêmes.

Que ne puis-je porter une heureuse persuasion dans leur âme! Je ne connais que
des arguments très simples; mais je pense,
avec Bacon, qu'il faut autant de crédulité
pour adopter l'opinion des athées que pour
ajouter foi aux rêveries du Coran ou du
Talmud. Plus j'essaie d'éclaircir cette opinion, de voir dans les êtres qui m'environnent le résultat des combinaisons du hasard, des efforts de la matière, du jeu des
atomes, plus les ténèbres s'accroissent. Je
veux en vain donner à cette hypothèse une
apparence de probabilité. La matière n'a
pu réfléchir sur l'ordre qu'exigeaient ses
diverses parties; elles n'ont pu raisonner,
discuter entre elles; un atome, un globe,
n'a pu dire aux autres : Voilà les routes
qu'il faut suivre. Simplifions les difficultés

autant qu'il est possible; admettons que la matière a toujours existé; supposons que le mouvement lui est essentiel; une suprême intelligence est nécessaire encore à l'harmonie de l'univers, et, sans un régulateur des mondes, je ne conçois que le néant ou le chaos.

De cette pensée qu'il existe un Dieu, je vois naître toutes les vérités que mon cœur espérait. Le système le plus absurde est celui des déistes qui rejettent le dogme de l'immortalité; et les opinions des athées sont moins inconséquentes. Des divers arguments contre l'existence de Dieu, le seul frappant est celui qu'on a tiré des maux répandus sur la terre. J'en appelle à tout homme sensible et bon : s'il avait le pouvoir de créer un monde, n'en bannirait-il pas le malheur? L'existence y serait une douce succession d'instants marqués par un bonheur sans mélange. Cependant les infirmités, les vices, les préjugés et la misère nous poursuivent! Comment concilier l'infortune des créatures avec le pouvoir du Créateur? Comment résoudre cet étrange problème, expliquer cette contradiction révoltante? Ah! l'immortalité est le mot de l'énigme de la vie.

Un bizarre mélange de déisme et de matérialisme forme, cependant, aujourd'hui, le système le plus répandu parmi les incrédules. Leur dieu semble n'avoir qu'une puissance physique : au milieu des mondes qu'il anime, il reste indifférent au crime, à la vertu; sous son œil immobile, les générations passent, et les héros tombent confondus avec les tyrans. Ainsi, les pensées de l'homme pieux auraient une sublimité que n'ont point les vues de l'Éternel? Socrate, à ses derniers moments, rassure ses disciples; il leur montre au delà du tombeau les lieux où le sage respire, où l'infortune se répare. S'il fait briller un vain espoir à leurs yeux, il surpasse en équité, dans ses rêves, la puissance infinie. Osons soutenir que de faibles créatures peuvent avoir des idées d'ordre plus justes que celles de leur auteur, ou reconnaissons qu'il est une autre vie, puisque l'homme en conçoit l'espérance.

La destinée de tous les êtres qui nous entourent se termine évidemment sur la terre ; la nôtre seule n'y paraît point accomplie. L'arbuste, sans réfléchir sur l'existence, naît, s'élève et périt. L'animal, exempt de vice, incapable de vertu, n'éprouve, en cessant de vivre, ni les regrets ni l'espérance ; il meurt tout entier, mais il meurt sans voir la mort. L'homme, dans le cours d'une vie agitée, s'avilit par des fautes ou s'honore par d'utiles actions ; à ses derniers moments, il se sépare avec douleur des êtres qui lui promettent un éternel amour : persécuté pour sa vertu, proscrit pour son courage, il tourne vers le ciel un long regard de confiance et d'espoir. N'a-t-il donc plus qu'à mourir ? La nature n'aurait-elle oublié sa justice qu'envers son plus parfait ouvrage ?

Notre immortalité est une conséquence nécessaire de l'existence de Dieu. Laissons toute vaine dispute ; mes convictions ne sauraient dépendre d'une obscure métaphysique ; l'orgueilleux traité d'un sophiste ne peut les affaiblir, ni la puérile dialectique d'un pédant les accroître. C'est assez qu'il existe un Dieu, tout ne finit pas au tombeau pour la vertu malheureuse.

Un des mots les plus sublimes qui soient sortis de la bouche des sages est ce mot de Socrate : *Prenez confiance dans la mort.* Mais les récompenses supposent du mérite, et le mérite exige la liberté ; l'homme est-il libre ? On peut ramener à des termes simples cette question tant de fois obscurcie ; et voici le grand argument contre la liberté. Deux objets nous attirent en sens contraire ; aussi longtemps qu'ils produisent des impressions à peu près égales, notre esprit incertain flotte de l'un à l'autre, et nous croyons délibérer. Enfin, un des objets nous frappe d'une impression plus forte ; nous sommes entraînés et nous croyons vouloir. Ainsi l'homme, toujours passif, cède toujours à la sensation la plus vive ; et, comme l'enseignait une secte fameuse, les actions libres seraient des effets sans cause.

Ce roman n'est point notre histoire. Observons mieux ; la seule question est ici de savoir où réside la cause de nos déterminations. Hobbes la place hors de nous; il lui convient, il lui plaît de supprimer la faculté de juger et celle de vouloir que l'auteur des êtres a mises dans nos âmes. J'en appelle des subtilités du sophiste à la raison de tout homme qui s'observe avec bonne foi. Lorsqu'il faut me déterminer entre deux objets, à moins qu'une passion aveugle ne me subjugue et m'emporte, c'est-à-dire à moins que je n'éprouve une aliénation passagère, j'examine, je compare, je délibère, je juge. Si j'ai le sentiment que ces différents actes sont produits en moi par mes facultés intellectuelles, je ne saurais douter que je suis libre, et j'ai ce sentiment d'une manière aussi nette que celui de mon existence. Allons plus loin. Mon jugement m'a fait voir ce qui est bon, ce qui est juste ; je suis libre à tel point que ma volonté peut se mettre en désaccord avec lui. Par exemple, mon jugement me dit de songer à l'avenir, et ma volonté sacrifie l'avenir au présent. Allons encore plus loin. Je veux ce que la raison m'a fait voir être bien : les dangers qu'il faut braver pour suivre ma volonté m'épouvantent; je n'ose obéir à la voix de ma conscience; mais la preuve que je sens encore en moi le libre arbitre, c'est que déjà je redoute le repentir et la honte qui viendront punir ma aiblesse.

Oh! combien les discussions métaphysiques, arides et scolastiques sont puériles, quand il s'agit de vérités morales! Quel monstre pourrait être conséquent au système des fatalistes, et qu'est-ce qu'un système auquel on ne peut être conséquent? Toi qui le préconises, si l'on n'agit que sous l'inévitable empire de la fatalité, pourquoi le crime t'indigne-t-il? Vois du même œil Socrate et ses bourreaux, Antonin dictant de pieuses leçons à son fils et Néron assassinant sa mère. Ce rapprochement te révolte? Homme pusillanime! Dans ton système, les gens de bien doivent nous inspirer moins d'intérêt que les méchants. L'aveugle fatalité donne aux premiers cette volupté pure qui suit les actions vertueuses; sans avoir eu de mérite, ils sont récompensés;

tandis que les autres sont en proie aux remords, en butte à la haine publique, puisqu'ils sont innocents, combien tu dois les plaindre et les chérir! Mais à quoi te servent ta doctrine et les lumières? Tu cherches à faire le bien, tu délibères sur le parti qu'il convient à ton honneur de prendre; tes principes sont combattus par la voix de ton cœur; quand tu as fait le mal, elle te dit que tu pouvais choisir le parti contraire, et, quand tu as fait une bonne action, elle t'assure que tu en es l'auteur.

D'intarissables émotions naissent des espérances religieuses. Ranimé par elles, je ne vois plus de larmes sans consolation, je n'entends plus d'éternel adieu. La tombe est la faible barrière qui sépare les voluptés réelles des ombres de plaisirs que nous offre cette vie fugitive.

Jamais, non jamais des hommes n'auraient échangé leurs lumières naturelles contre les vaines lueurs que jettent ces funestes doctrines, si l'on n'eût altéré les idées religieuses en y mêlant des préjugés. Il en est deux qu'on doit s'attacher à détruire, et dont il faut purger la terre.

L'un est celui qui nous fait voir dans le ciel un juge implacable, avide d'exercer la vengeance. Chimère atroce! vision ridicule! La vieillesse, l'enfance, les deux âges dont la faiblesse appelle nos soins les plus tendres, sont ceux qu'on persécute avec un préjugé barbare! Quelquefois une ineptie cruelle choisit des idées effrayantes pour les présenter au mourant, l'obsède d'images épouvantables, s'empare du lit funèbre, et voudrait l'éclairer avec les flammes de l'enfer. La même indignation fait battre mon cœur, lorsque je vois troubler par des idées sinistres la faible raison d'un enfant. Poursuivi jusque dans ses rêves par des menaces terribles, il ne sait ce que c'est que le crime, et déjà il en a senti les tourments. O démence des hommes! avec les idées qui devraient être les plus douces et les plus consolantes, ils sont parvenus à donner des remords à l'innocence!

L'autre préjugé est celui qui rend coupable à nos yeux toute personne dont la croyance diffère de la nôtre. Tandis que la religion nous enseigne à couvrir du voile de l'indulgence les fautes de nos semblables, l'intolérance nous apprend à transformer leurs opinions en crimes; la religion élève des asiles au malheur, l'intolérance dresse des échafauds; l'une veut pour ministres des hommes charitables, et l'autre des bourreaux; l'une essuie les larmes, et l'autre verse le sang.

L'intolérant sans puissance n'est que ridicule; mais il devient l'être le plus odieux quand il est armé du pouvoir. Le cri de l'humanité est paix avec tous les hommes, hors les intolérants. Toutefois ils se punissent par leurs propres fureurs. Ils peuvent dans leur délire ignorer les remords, et compter même leurs vertus par leurs forfaits; mais cette étrange exaltation, cette horrible ivresse repousse le bonheur; il fuit l'âme aussitôt que les sentiments haineux y pénètrent.

Ah! dans une autre vie, la mesure de notre félicité sera celle du bonheur que nous aurons donné; dans cette vie passagère, aux êtres qui nous entourent. L'homme religieux essaie de rendre le séjour de la terre moins différent de celui vers lequel s'élèvent ses pensées. Il s'occupe sans cesse d'adoucir nos maux, d'éloigner les préventions et les haines, de calmer les fureurs des partis; toutes ses relations sont de paix et d'amour. Hommes intolérants! quel est celui de vous dont on pourra dire : *On lui a beaucoup remis, parce qu'il a beaucoup aimé?*

XX. — DE LA RAPIDITÉ DE LA VIE.

Lorsque je songe aux différents âges, le premier sentiment que j'éprouve est de reconnaissance pour la variété des plaisirs que nous destine la nature. Oh! si l'homme savait goûter les charmes de toutes les situations qu'il parcourt! Mais il regrette l'enfance, puis la jeunesse, puis l'âge mûr; le temps heureux est toujours celui qui n'est plus en son pouvoir.

C'est grande folie d'attrister le présent, en supposant que le passé n'offrait point de nuage. Les douleurs que la nature nous envoie dans l'enfance ressemblent aux pluies du printemps, dont un souffle léger suffit pour effacer la trace ; mais les hommes ont multiplié, pour chaque âge, les peines et les alarmes. Je me souviens encore de la violence avec laquelle je sentais battre mon cœur, quand j'allais au collège sans avoir achevé ma version ou mon thème. J'ai vu depuis des situations périlleuses ; aucune, je l'atteste, ne m'a jamais fait ressentir autant de trouble. Le bel âge, pour un être frivole, est la jeunesse ; pour l'ambitieux, l'âge mûr ; pour un cénobite dont la tête s'exalte, c'est la vieillesse ; et pour l'homme raisonnable, c'est l'âge dont il peut goûter les plaisirs.

Le second sentiment que j'éprouve en considérant la vie, est le regret de voir les instants si prompts à disparaître. Le temps fuit, les jours et les années s'envolent aussi rapidement que les heures. Quelques gens disent que la vie est longue : ils souffrent donc des douleurs cruelles, ou ils ne savent pas s'occuper.

Pour prolonger mes jours, je ne demanderai ni des secrets aux alchimistes ni des ordonnances aux médecins. Un régime sévère peut abréger la vie. Les privations multipliées donnent à l'âme une tristesse plus nuisible que les remèdes ne sont utiles. Eh! d'ailleurs, qu'est-ce que la vie physique sans la vie morale? Des docteurs ont vanté la patience d'un certain Vénitien qui, né mourant, parvint à végéter un siècle[1]. Il pesait ses aliments, et de minutieuses précautions marquaient pour lui chaque heure de la journée. Bacon le cite, mais en plaisantant sur cet homme, qui croyait vivre parce qu'en effet il n'était pas mort.

La modération, la gaieté, l'emploi du temps, sont les moyens de vivre autant de jours que le permet la Providence; et le régime des moralistes a des effets plus sûrs que celui des médecins.

Chacun a fait cette observation, qu'une année dans la jeunesse présente à l'imagination une longue perspective, mais que

---

[1] Il se nommait Louis Cornaro.

plus on avance dans sa carrière, plus la course du temps paraît redoubler de vitesse. Cherchons à discerner les causes qui modifient ainsi nos jugements, afin de leur échapper autant qu'il est possible.

J'en connais une inévitable, l'expérience. A seize ans, quel espace présentent les seize années qui vont suivre? La fin de celles-ci se perd dans l'avenir ainsi que le commencement des premières s'efface dans le passé; mais, en arrivant à des termes qu'on jugeait éloignés, on voit comment on atteindra tous les autres. Ensuite la jeunesse brûle de franchir l'intervalle qui la sépare du but de ses désirs; elle voudrait hâter les heures trop lentes à son gré. Dans les âges suivants, au contraire, l'homme voit avec une inquiétude croissante chaque jour l'approcher du terme de sa carrière, et regrette de ne pouvoir arrêter la marche du temps. Notre faiblesse l'accélère : craignons moins l'incertain avenir, et les heures perdront leur rapidité désolante. Enfin tous les objets, étant nouveaux pour la jeunesse, causent quelque surprise; elle remarque chaque instant, parce que chaque instant lui procure une sensation. Dans un âge plus avancé, peu d'objets excitent la curiosité ; on passe sans les voir près des chefs-d'œuvre qu'on admirait avec transport ; on retourne machinalement aux occupations de la veille, et l'on distingue à peine des journées monotones que ni les plaisirs ni l'ennui n'ont rendues remarquables. Prévenons cette disposition funeste : amis des arts et du plaisir, conservons à notre âme sa sensibilité, à notre imagination sa fraîcheur; arrêtons-nous en épicuriens sur les instants heureux, et vouons à tout ce qui est beau l'enthousiasme de la jeunesse, éclairé par le goût de l'âge mûr.

Pour ne point abréger ses journées, il faut aimer la retraite. D'abord, on s'y garantit d'une foule d'importuns et d'oisifs. Des gens qui ne vous déroberaient pas une pièce de monnaie vous volent sans scrupule une heure, un jour : ils ne savent donc pas ce que c'est que le temps? c'est la vie.

Mais on nous dérobe des minutes, et nous

sacrifions des années ! Beaucoup d'hommes, étourdis par le bruit des passions, agités par des rêves, s'aperçoivent à peine qu'ils existent, et meurent en regrettant de n'avoir pas vécu. Quelques autres, longtemps entraînés par le torrent, résistent, abordent le rivage, et goûtent enfin, loin du tumulte, le plaisir d'exister. Mais pourquoi ne prolonger que ses dernières heures ? Si l'on ne peut vivre indépendant, il faut du moins consacrer chaque soir quelques moments à la retraite, pour revoir le passé, et s'arrêter sur le présent. Comptant ainsi chaque jour qu'on ajoute à d'autres jours, on ne laisse plus la vie s'évanouir comme un songe.

C'est surtout dans ces entretiens avec soi-même qu'on donne à son esprit de la justesse, à son âme de l'élévation, à son caractère de la douceur et de la fermeté. La vie est un livre dont on lit tous les jours une page; il faut noter ce qu'on y trouve d'instructif.

Le divin Marc-Aurèle se plaisait à s'entrenir avec lui-même, et savait jouir du présent en cherchant dans le passé des

leçons pour l'avenir. Je lis toujours avec
attendrissement ce compte qu'il se rend
de toutes les personnes dont les soins
avaient formé son caractère et ses mœurs.

« J'ai appris, dit-il, de mon aïeul Verus
« à avoir de la douceur et de la complai-
« sance.

« La réputation que mon père a laissée
« et la mémoire que l'on conserve de ses
« bonnes actions m'ont enseigné la mo-
« destie.

« Ma mère m'a formé à la piété. Elle
« m'a enseigné à être libéral, et non seu-
« lement à ne faire du mal à personne,
« mais à n'en avoir pas même la pensée.

« Je dois à mon gouverneur d'être pa-
« tient dans mes travaux, d'avoir peu de
« besoins, de savoir travailler de mes
« mains, de ne point me mêler des affaires
« qui me sont étrangères, et de ne donner
« aucun accès aux délateurs.

« Diognetus m'a appris à ne point m'a-
« muser à des choses frivoles, à ne pas
« ajouter foi aux charlatans et aux en-
« chanteurs, à ne rien croire de ce qu'on

« dit des conjurations des démons, et de
« tous les sortilèges de cette espèce. J'ai
« appris de lui à souffrir qu'on parle de
« moi en toute liberté, et à m'appliquer
« entièrement à la philosophie.

« Rusticus m'a fait voir que j'avais be-
« soin de corriger mes mœurs, que je de-
« vais éviter l'orgueil des sophistes, ne pas
« chercher à faire admirer aux peuples la
« patience et l'austérité de ma vie, être
« toujours prêt à pardonner à ceux qui
« m'auraient offensé, et à les recevoir
« toutes les fois qu'ils voudraient revenir
« à moi.

« J'ai appris d'Apollonius à être libre et
« ferme dans mes desseins ; à ne suivre que
« la raison, même dans les plus petites
« choses ; à être toujours égal, même dans
« les douleurs les plus aiguës. J'ai connu
« par son exemple qu'on peut être à la fois
« sévère et doux.

« Sextus m'a enseigné à gouverner ma
« maison en bon père de famille, à avoir
« une gravité simple, sans affectation ; à
« tâcher de deviner et de prévenir les

« souhaits et les besoins de mes amis, à
« souffrir les ignorants et les présomptueux
« qui parlent sans penser à ce qu'ils disent,
« et à me mettre à la portée de tout le
« monde.

« J'ai appris d'Alexandre le grammairien
« à ne pas dire d'injures dans la dispute.

« Fronton m'a fait connaître que les rois
« sont environnés d'envieux, de fourbes et
« d'hypocrites.

« Alexandre le platonicien m'a appris
« que, sans une extrême nécessité, on ne
« doit dire ni écrire à personne : Je n'ai
« pas le temps de m'occuper de telle ou
« telle chose; ni alléguer les affaires dont
« on est accablé, pour se dispenser de ren-
« dre tous les bons offices qu'exige de nous
« le lien de la société.

« Je dois aux instructions de mon frère
« Severus l'amour que j'ai pour la vérité
« et la justice. C'est lui qui m'a donné le
« désir de gouverner mes États par des lois
« égales pour tout le monde, et de régner
« de manière à ce que mes sujets aient
« une entière liberté.

« Je remercie les dieux de m'avoir donné
« de bons aïeux, un bon père, une bonne
« mère, une bonne sœur, de bons précep-
« teurs, de bons domestiques, de bons
« amis, en un mot tout ce qu'on peut sou-
« haiter de bon. »

Une foule de sujets intéressants peuvent
remplir les entretiens avec soi-même. Ayez
chaque jour un de ces entretiens solitaires.
C'est surtout ainsi qu'on peut jouir de
l'existence, la rendre plus utile et plus
douce, la prolonger, et, pour ainsi dire,
jeter l'ancre dans le fleuve de la vie.

XXI. — DE LA MORT.

Si nous formons le souhait de ne jamais
mourir, souhait absurde que tout homme
a laissé quelquefois échapper, les moralistes nous disent : Où serait le terme des
dissensions et des haines? où se reposerait-
il, l'infortuné que poursuit l'injustice? Vains
sophismes! Si l'on accuse la nature de nous
avoir soumis à la mort, on ne l'accuse pas
moins de l'avoir rendue quelquefois dési-

rable : au lieu de se montrer avare d'instants heureux, que n'épargnait-elle à la
faible humanité le dernier des maux et
ceux qui le précèdent ? Il est, je crois, pour
la justifier, des raisons plus solides.

Lorsque, dans mes songes, réformant
l'univers, je rends notre existence éternelle, mon imagination fait aisément disparaître les maux qui nous affligent ; mais
elle est impuissante pour créer des plaisirs
qui remplacent ceux que ne peut admettre
cet ordre nouveau. Que la mort soit bannie
du globe, il ne faut plus que des générations s'élèvent pour remplacer d'autres générations. Les mêmes êtres couvrent à
jamais la terre : plus d'amour, de tendresse
paternelle, de pitié filiale ! Bienfaits du ciel,
qui donnez du prix à la vie, vous n'existez
que sous condition de passer rapidement
aux générations qui se succèdent pour en
jouir à leur tour.

Quelquefois, dans la nuit, entre la veille
et le sommeil, on est assailli par des espèces
de songes qui jettent l'âme dans un trouble
profond : le jour vient, l'intelligence se ré-

veille, et l'on est surpris de voir que de si
vaines chimères aient pu prendre une apparence de réalité. Je compare cet état agité
à celui où certaines personnes sont plon-
gées par les terreurs que l'idée de la mort
leur fait éprouver. Débarrassons-la de tout
ce que notre faiblesse et notre imagination
lui donnent d'effrayant, et nous arriverons
bientôt à nous familiariser avec elle. Nous
trouverons de grands avantages à considérer l'influence qu'elle doit exercer sur la
vie. Il faut que ce terme inconnu, mais
prochain, rende nos devoirs plus sacrés,
nos affections plus tendres et nos plaisirs
plus vifs. Le sage saisit les idées qui troublent les heures du vulgaire, pour ajouter
au charme des siennes ; et c'est surtout en
s'instruisant à vivre qu'il apprend à mourir.

Ceux qui disent : La mort n'est rien, paraissent affecter du courage ; et cependant
ils disent une vérité très simple. La mort
est un instant impossible à mesurer, elle
n'est pas encore, ou elle n'est plus.

Sans doute les circonstances qui la précèdent peuvent être cruelles ; et les morts

14

promptes devraient, moins que les autres,
nous coûter des larmes. J'entends dire en
gémissant : Cet infortuné n'a souffert que
trois jours. Que cet espace est long, quand
la douleur en fait compter les minutes ! Ne
mettons pas d'égoïsme dans nos plaintes,
nous sentirons qu'un motif de consolation,
c'est que l'être qu'on regrette n'ait pas vu
la mort s'approcher, et qu'il l'ait reçue sans
douleur.

Une telle fin est digne d'envie, c'est le
dernier bienfait du ciel. Ces mots dirigent
vers vous ma pensée, ô mon père ! Tous les
fils reconnaissants disent qu'ils ont eu le
meilleur des pères ; mais à peine quelques
amis complaisants répètent-ils avec eux
une hyperbole commune, et j'entends toutes
les personnes qui connaissaient mon père
en parler comme moi. Cette supériorité
remarquable que le talent ou la force de
caractère donne à quelques hommes, il
l'obtenait par sa douceur et sa sérénité.
Ces qualités avaient en lui quelque chose
d'idéal, que l'imagination concevra diffi-
cilement, et que la langue ne peut expri-

mer. Quiconque passait un quart d'heure avec lui gardait toujours son souvenir. Il ne vous avait ébloui ni par la vivacité de son esprit, ni par la variété de ses connaissances ; mais en vous disant les choses les plus simples, il vous avait rendu meilleur. Pendant soixante-cinq ans il partagea les peines des autres, et ne leur en fit jamais. Un soir, éprouvant une fatigue inaccoutumée, il se coucha de bonne heure; et, quelques moments après, s'endormit pour toujours. O mon père ! je devrais ne pleurer que sur moi ! Votre mort sans alarmes fut digne de votre vie, de cette vie si pure, que, pour vous rendre heureux dans un monde nouveau, il suffit peut-être de vous laisser le souvenir de ce que vous avez été sur la terre.

Un fait recueilli par tous les médecins observateurs, c'est qu'il est rare que l'agonie de l'homme de bien soit violente. Peut-être même avons-nous de très fausses idées sur les moments qui terminent la vie. Le vulgaire, embrassant les opinions qui l'effrayent, croit que tous les tourments accompagnent la dissolution de notre être physique. Il est plus probable, au contraire, qu'en touchant à l'éternel repos on goûte des sensations analogues à celles d'un homme fatigué qui sent couler dans ses veines le calme et le sommeil.

Ces sensations, il est vrai, n'appartiennent qu'aux derniers instants, et des maladies cruelles peuvent les précéder; mais il semble que la nature ait toujours quelque moyen d'adoucir les maux qu'elle envoie. Parmi les maladies mortelles, celles qui sont aiguës sont rapides; celles qui sont lentes sont, en général, peu douloureuses : elles laissent le temps de s'accoutumer à l'idée qu'il faut sortir de la vie; et souvent les hommes qui la perdent ainsi finissent doucement, bercés tantôt par la résignation, tantôt par l'espérance.

Un spectacle déchirant, et malheureusement commun dans la province où je suis né, est celui que présente une jeune personne atteinte d'une maladie de poitrine. L'ignorance absolue du danger peut accompagner la malade jusqu'à son dernier moment. On sait que l'hiver la verra périr ; on l'entend parler des projets qu'elle veut exécuter, avec ses compagnes, au retour de sa santé et du printemps. Le contraste de sa faiblesse et de ses espérances, de sa douce gaieté et des approches de la mort, fait saigner le cœur. Chacun gémit sur elle, excepté elle-même. La nature, pour s'absoudre de la faire mourir si jeune, lui donne la sécurité, l'endort sur la terre et ne l'éveille que dans le ciel.

Sans doute les douleurs physiques ne sont pas celles qui peuvent répandre le plus d'amertume sur la mort, et les sensations qu'elle fait éprouver dépendent surtout des affections qui nous attachent à la terre. Méprisons ces êtres ambitieux qui s'écrient qu'ils allaient exécuter leurs vastes projets, que leurs instants eussent ensuite coulé paisibles et sereins. Toujours la mort les eût surpris se tourmentant à poursuivre des ombres. D'autres, moins insensés, gémissent parce qu'ils sont frappés au sein des plaisirs. Ils oubliaient la rapidité de ces heureuses chimères ; ils ne savaient pas

leur donner un attrait plus vif, en se disant:
Nous les possédons pour un jour! Mais si
l'on ne regrette ni projet ambitieux ni
plaisir frivole; si c'est pour ses enfants
qu'on voudrait vivre encore? Je n'essaie
point de soutenir un vain système; dans
cette situation, la mort peut être affreuse.
Il est un âge où l'on devrait ne pas mourir;
il commence quand on est père, et finit
quand on n'est plus nécessaire à sa famille.

S'il faut la quitter avant cette époque, les
consolations ressemblent aux remèdes qui
pallient les maux des mourants sans pouvoir les guérir. Toutefois, ne faisons pas à
la Providence cet outrage de croire qu'il
existe une situation où l'homme de bien ne
trouve plus d'adoucissement à ses peines.
En quittant une vie qu'il voudrait conserver
encore pour le bonheur des autres, il puise
des forces dans la pensée qu'il doit à sa
famille l'exemple du courage, dans de
pieuses espérances et dans l'habitude de
cette haute philosophie qui lui apprit à ne
jamais lutter contre la destinée.

La mort a quelque chose de sinistre

quand elle vient, avant l'âge, détruire de tendres affections. Plus tard, elle est un acte aussi simple que les actes ordinaires de la vie. Hélas! pour peu que nos jours se prolongent, nous voyons tomber autour de nous des êtres qui nous sont chers. Bientôt nous en conservons moins ici-bas qu'il n'en existe dans un autre univers. La famille est divisée; je serais peu surpris qu'il devînt indifférent au sage de rester avec des amis présents ou d'aller rejoindre les amis absents.

Aussi longtemps que nos enfants ont besoin d'un appui, nous ressemblons au voyageur chargé d'affaires d'une extrême importance; dès que nos soins leur sont devenus inutiles, nous ressemblons à celui qui peut marcher au hasard et s'arrêter où le surprend le coucher du soleil. Je vois la seconde époque approcher pour moi; si je l'atteins, je bénirai le ciel de m'avoir donné des années assez longues et semées de si peu de douleurs.

Nous n'accusons point de faiblesse un homme qui part pour des contrées lointaines, s'il laisse voir dans ses adieux quelque attendrissement; doit-on exiger davantage de celui que la mort va conduire dans un monde inconnu? Je n'affecterai point un austère courage; mais libre de la seule inquiétude déchirante, j'espère conserver assez de tranquillité d'esprit pour faire sentir aux êtres que j'aime qu'il faut nous soumettre à des lois immuables; que la plainte serait inutile et le murmure injuste; qu'il faut, avec l'attendrissement léger de la résignation, nous embrasser et nous dire : *Au revoir !*

XXII. — CONCLUSION

J'aurais atteint mon but, si cet Essai faisait penser que l'homme, en exerçant ses facultés, peut adoucir ses peines, multiplier ses plaisirs, et, par conséquent, se créer un art d'être heureux. Nulle opinion, je le sais, n'est plus contraire aux idées reçues parmi nous : les êtres moroses et les êtres frivoles sont d'accord, quand il faut l'attaquer : cette opinion-leur paraît absurde, et les plus indulgents doutent de la bonne foi de celui qui l'énonce.

A de si graves, à de si doctes autorités, j'oserais en opposer d'autres. Depuis Socrate jusqu'à Franklin, je vois des philosophes qui tous ont jugé que l'homme peut diriger, perfectionner ses facultés, et s'instruire dans la science du bonheur. Quels hommes ont ainsi pensé? ceux qui forment l'élite de l'espèce humaine. Chacun d'eux était-il environné d'heureuses circonstances qui dussent inspirer la même philosophie? Ils connurent toutes les situations de la vie ; et, comme si la nature eût voulu, par de grands exemples, prouver que notre bonheur dépend de notre raison plus que des circonstances, Épictète vécut dans les fers et Marc-Aurèle sur le trône.

On rend hommage aux philosophes de la Grèce. Leur gloire est-elle fondée sur leur physique pleine d'erreurs, ou sur leur métaphysique souvent puérile? Non ; ils ont mérité la vénération des siècles, en traçant des principes dont la pratique nous rendrait meilleurs et plus heureux. Quelles sciences estimait le divin Socrate? une seule, celle qui peut nous apprendre à bien vivre. Qu'on ne dise point que je substitue une science à une autre science; que Socrate enseignait la morale, non cet art prétendu, ce vain art d'être heureux. Chez les Grecs, la morale avait un but parfaitement déterminé, et c'était au bonheur que les sages conduisaient leurs disciples. Hommes illustres, dont nous dédaignons les maximes, mais dont nous révérons encore les noms, quel résultat nous avons obtenu du progrès des lumières! Nous parlons avec enthousiasme des sciences que vous jugiez frivoles, et nous traitons de chimérique la seule qui vous parût vraiment digne de l'homme.

Oh! si l'on eût dit à ces philosophes qu'ils ne réformeraient pas le genre humain, qu'au lieu de rêver à la sagesse, au bonheur, ils devaient quitter des sujets si futiles, et consacrer leurs veilles à des sciences plus dignes de nous occuper, ne pensez-vous pas que la pitié les eût fait sourire, et que, s'ils eussent daigné répondre, ils auraient dit : « Nos traités ne réformeront point le genre humain; nous n'arracherons du cœur des méchants ni l'orgueil, ni la cupidité, ni l'envie; mais n'aurons-nous pas la gloire d'affermir l'homme de bien dans sa carrière? Au milieu des orages, il sentira ses forces renaître, en voyant que nos âmes étaient d'accord avec la sienne. Quelque faible que soit l'influence des écrits, ne faites pas cet affront à l'humanité de croire que les nôtres, partout répandus, ne trouveront nulle part des hommes dignes d'en profiter. Peut-être enflammeront-ils d'un saint amour pour la vertu quelques-uns de ceux qui les liront dans l'âge des résolutions généreuses. Peu de lecteurs pratiqueront notre doctrine dans toute son étendue, presque tous lui devront quelques principes salutaires. Il est possible que nous n'ayons jamais des disciples nombreux; mais nous en aurons dans toutes les contrées e' dans tous les siècles. » Je me fais sans doute illusion, car je n'aperçois ni exagération ni rêveries dans ce discours.

La science du bonheur est chimérique, si

l'on veut qu'elle donne des charmes à toutes les situations où l'on peut être jeté par le sort. Mais, au lieu de vouloir nous conduire au bonheur idéal, si l'on dissipe les erreurs qui voilent à nos yeux les vrais biens, si l'on nous apprend à réunir de faciles plaisirs, à rendre plus rapides les instants douloureux, on nous enseigne un art qu'il est possible de démontrer et de perfectionner.

Cet art paraît-il encore difficile? qu'on me nomme celui qui n'exige aucun effort. Pense-t-on qu'il ne peut être d'une utilité générale? vos habiles instituteurs cessent-ils d'enseigner l'éloquence parce qu'ils ne forment pas autant d'orateurs qu'ils ont d'élèves? Plus je réfléchis sur l'art d'être heureux, plus je vois qu'on peut l'assimiler aux autres arts. Toutefois il en diffère par son extrême importance; c'est d'après leurs rapports plus ou moins directs avec ce premier des arts qu'on devrait juger le degré d'intérêt qu'ils méritent. Pour apprécier une science, une loi, une entreprise, une action, je ne connais d'autre moyen que d'observer leur influence sur le bonheur des hommes.

Si les leçons de morale ne laissent qu'une impression fugitive, il le faut attribuer sans doute à deux causes principales : la faiblesse de notre nature, et la contagion de l'exemple. Mais une autre cause appartient à ceux qui nous enseignent la morale : c'est l'exagération de leur doctrine. Ils élèvent sur des monts escarpés l'autel de la sagesse : eh! pourquoi tenterait-on, pour y parvenir, de pénibles efforts? A la tristesse des ministres, on juge que leur divinité n'est pas celle qui dispense les douces joies, l'oubli des peines et l'espérance.

Croire qu'il est utile d'exagérer la morale est une des plus funestes erreurs. C'est ainsi qu'on excite la répugnance pour la sagesse, et qu'on fait repousser la vérité. A l'époque où les hommes jugent par eux-mêmes, reconnaissant qu'ils ont été trompés, impatients de secouer un joug qui leur pèse, ils rejettent, avec des préjugés ridicules, les plus sages principes. Pour être écoutés, soyons vrais : présentons avec force les maux que l'homme, s'il abuse de ses facultés, appelle sur sa courte carrière; mais disons, avec une égale franchise, qu'il commet une faute, s'il refuse ou néglige de tirer de ses facultés autant de parti qu'il est possible pour embellir sa vie.

Morale est un mot qu'on a trop souvent employé pour propager des principes exagérés et faux. A ce mot usé, et d'un sens équivoque, on devrait substituer une dénomination qui montrât nettement le but vers lequel il faut se diriger. La morale est l'art d'être heureux, ou la morale n'est qu'une science de convention, tantôt inutile et tantôt dangereuse.

Oui, c'est l'art d'être heureux qu'il faut enseigner; et l'austérité doit être bannie de la forme des discours, ainsi que du fond des pensées. Ils sont les plus utiles précepteurs du genre humain, ces hommes dont l'âme tendre veut bien moins commander qu'inspirer la vertu, et dont l'imagination brillante sait offrir de sages principes sous des formes qui charment l'esprit et flattent la curiosité. Savez-vous quel est

le meilleur ouvrage de morale qui soit jamais sorti de la main des hommes ? C'est
le *Vicaire de Wakefield.* Montrer un père de
famille en butte à tous les genres d'infortune, leur opposant toujours son courage
ou sa résignation, c'est présenter un tableau
sublime : le génie et la vertu réunis ont pu
seuls en concevoir l'idée. Tous les hommes
de bien doivent à son auteur un tribut de vénération et de reconnaissance. On demande
quelquefois, si vous ne pouviez avoir qu'un
livre, quel est celui que vous conserveriez ?
Je conserverais le *Vicaire de Wakefield.*

La puissance de l'éducation, celle des ins-
titutions publiques, seraient nécessaires
pour rendre générales les habitudes conformes au bonheur : mais les livres, dont
je n'ai point exagéré l'influence, sont utiles,
surtout à l'homme que sa raison élève au-
dessus du vulgaire. Heureux celui qui sait
ajouter de bons livres au petit nombre de
ses amis ! qui souvent s'éloigne du monde,
pour jouir de leur paisible entretien ; et toujours en rapporte plus de sérénité, de courage et d'espoir !

En soutenant qu'il est impossible d'accroître la somme des biens, de diminuer celle des maux, on ne remarque pas que, cette opinion fût-elle vraie, il faudrait suivre encore mes principes. Prêchez à l'homme de bien votre doctrine décourageante, vous l'affligerez; mais vous n'obtiendrez sur ses mœurs aucune influence. Il cherchera toujours à se perfectionner; il essaiera toujours de calmer les peines de ceux qui l'entourent, de nous rendre plus humains et plus heureux. Ses nobles efforts ne sauraient être entièrement perdus : les intentions pures, les vœux sincères qu'on forme pour ses semblables, donnent à l'âme une douce sérénité; et c'est assurer son bonheur que de rêver à celui des autres.

CORBEIL. Imprimerie CRÉTÉ.

www.ingramcontent.com/pod-product-compliance
Lightning Source LLC
Chambersburg PA
CBHW061017280326
41935CB00009B/1003